KB122499

포항지역학연구총서 9

포항해안
지형산책

민석규

도서출판 나루

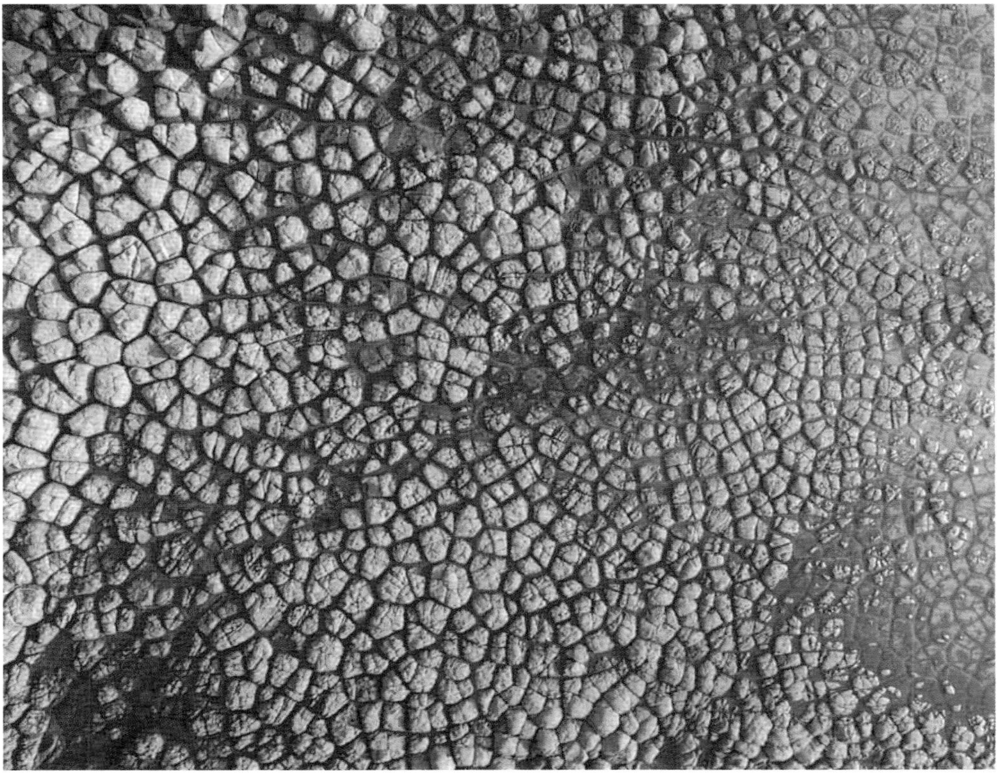

포항해안 지형산책

땅 좀 아는 사람으로의 초대

요즘 부쩍 포항 관련 서적이 많이 발간되고 있다. 수도권 중심이 아닌, 우리가 살고 있는 지역 이야기가 많이 양산된다는 것은 크게 바람직한 일이다. 앞선 시대 사람들이 이룩한 문화유산에 대해 의미를 부여하는 내용에서부터, 현재를 살고 있는 사람들의 소소한 삶을 남기는 등 다루는 주제 또한 다양하다. 역사가 땅에서 일어난 사람들의 이야기를 기록한 것이라면, 이야기의 토대가 된 땅에 대한 기록이 지리(地理)이다. 지금까지의 책들이 대개 역사서 위주였다면 민석규 선생님의 『포항해안 지형산책』은 포항지형에 대한 지리서여서 의미가 크다.

지형학자인 저자는 흔히 말하는 포항이 고향인 분이 아니다. 포항에 온 지 채 3년이 되지 않았다. 하지만 포항의 옛 읍성 터를 비롯하여 동해안 바닷가 길은 '포항 사람'보다도 더 많이 발품을 팔았다. 이 책은 포항 해안선 215km에 대한 그의 기록이다.

몇 차례 저자의 답사 일정에 함께 동행할 수 있었던 건 내게 행운이었다.

형산강 하구에 발달한 포항이라는 옛 도시에 두호, 환호, 아호라는 3호(湖)가 있었다고는 들었지만, 이때의 호수가 강 하구 퇴적 지형에 만들어지는 석호(潟湖)인 줄은 이번에 처음 생각해보게 되었다. 산불로 훼손된 포항의 산에 나무가 잘 안 자라는 이유가 떡돌이라는 토양 때문이라는 것도 다시 기억하게 되었고 어릴 때 수영하러만 갈 줄 알았던 흥해 오도(烏島)가 기묘한 주상절리라는 것도 저자와 함께 오도에 직접 오르면서 확인하게 되었다. 새로운 지리 용어를 알게 되는 기쁨도 컸다. 호미곶에 있는 독수리바위가 시스택(sea stack)이라는 걸 배웠고, 요즘 포항의 상징처럼 되어 있는 호미곶 상생의 손이 파식대(波蝕臺) 지형이기 때문에 설치할 수 있었던 것도 새로이 알게 되었다.

석호와 신생대 제3기의 퇴적층 떡돌, 주상절리, 시스택, 파식대는 여러분들도 이 책을 읽으며 자연스레 알게 될 것이다. 역사에서 지리까지 영역이 확장되는 즐거움이 이 책의 가장 큰 가치라고 본다.

지리를 안다는 것은 '땅의 이치[地理]'를 안다는 것이다. 어떻게 땅이 만들어지고 변해가는지를 아는 것이다. 해마다 여름철이면 해수욕장에 양빈(養濱)을 하는 것이 얼마나 임시방편의 일인지도 지리를 이해하면 알 수 있는 내용이다. 이미 오래전부터 문제가 되고 있는 해안침식의 심각성 또한 지리를 알았더라면 더 현명하게 대처할 수 있었을 것이다.

저자는 친절하게 '읽어두기'에서 생소한 지리 용어를 설명해두었다. 미리 꼭 읽고 책을 보길 바란다. 알고 떠나는 여행은 보이지 않던 것들이 보이게 된다.

책을 통해 동해안 여행이 더 즐거워지리라 확신하며, 포항 땅을 보는 눈이 달라지길 기대한다.

포항지역학연구회 대표 이재원

포항은 해안 지형의 전시장이다

태백산맥이 자리한 포항의 내륙에는 내연산(711.3m)-향로봉(932.3m)-천령산(774.8m)-경상북도 수목원-비학산(761.5m)으로 이어지는 높은 산과 산줄기 사이에, 깊고 아름다운 계곡이 발달한다. 죽장 가사천 계곡과 영덕 오십천의 상류에 발달한 상옥과 하옥계곡은 기암괴석과 수직의 바위 절벽, 바위로 이루어진 능선과 암봉이 늘어서 절경을 이룬다. 포항의 동해안은 작은 만에 아름다운 해수욕장, 곶에는 파도가 조각한 기암괴석이 어우러진 아름다운 해안이 펼쳐져 있다.

현재 우리나라 명승지 안내판은 경관(지형)에 얽힌 전설을 서술한 것이 대부분이다. 이와 달리, 해외의 유명 명승지 안내판은 경관(지형)이 어떻게 형성되었는지 지리적인 설명에 중점을 둔 편이다. 무에서 유를 창조할 수 없듯이 신화와 전설은 지형과 별개로 존재할 수 없다. 이 책은 전설뿐만 아니라 지형적 해설도 필요로 하는 사람들에게 도움이 되고자, 지표 경관을 분류하고 해석하는 일을 오랫동안 해온 지형학자인 필자가, 지리적 관점에서 포항지역 해안에 발달한 각종 지형을 쉽게 설명하려고 집필하였다.

포항지역 해안은 북구의 영일대해수욕장에서 송라면 지경리에 이르는 해안의 지형과 남구의 구룡반도(호미반도, 장기반도) 해안의 지형이 서로 다르다. 구룡반도의 해안도 호미곶에서 임곡리까지 이어지는 서쪽 해안과 호미곶에서 장기로 이어지는 동쪽 해안의 생김새가 다르다. 포항의 해안 지형이 매우 다채롭다는 의미다. 동해안은 강원도 고성에서 경북, 울산에 이르기까지 단조로운 해안선을 이루고 있으나, 영일만과 구룡반도가 자리해 굴곡이 큰 포항은 동해안에 자리한 시군 중에서 해안선이 가장 길다.

포항은 전국에서 가장 최신의 지질시대인 신생대 제3기 층이 분포하는 젊은 땅이라 화산활동의 흔적인 주상절리, 온천, 신생대 제3기 층의 생물 화석, 1970년대 석유 산출 해프닝, 천연가스가 타고 있는 불의 정원 등이 있다. 젊은 땅 포항이 아니면 볼 수 없는 소중한 지형 자원이다.

이런 3기 층이 침식으로 가장 잘 드러나 있는 곳이 포항의 해안이다. 포항의 해안은 포항 땅을 만든 지각운동의 역사를 직접 눈으로 볼 수 있는 공간이다.

지리를 잘 모르는 초보자라도 이 책을 들고 포항의 해안에 나가면, 어디가 어떤 해안 지형이고, 어떻게 만들어졌으며, 사람의 생활에 어떻게 활용되고 있는지, 쉽게 볼 수 있었으면 하는 바람으로 쓴 일종의 포항 해안 지형 입문서다. 사람은 땅(흙) 위에서 태어나, 땅 위에서 살다, 땅으로 돌아간다. 우리는 한시라도 땅을 떠나서 살아갈 수 없는 지리적인 존재다.

끝으로 이 책의 출판을 위해 각종 지도(고지도, 구지도), 옛날 포항의 사진 자료, 관련 책자 등을 아낌없이 제공하고, 무더운 여름날 함께 포항시 동해안 곳곳을 답사하며 지원해줬던 포항지역학연구회 이재원 회장님과 좋은 사진을 촬영해준 김정호 PD, 성원해주신 포항지역학연구회 회원님들께 감사드린다.

민석규

읽어두기

용어정리

해안침식지형 – 돌출한 곶(串, head land)에서 주로 발달

- **해식애(海蝕崖)** : 파랑(波浪)의 침식으로 형성된 절벽
- **해식동굴** : 해식애에 파랑의 침식으로 형성된 동굴
- **파식와(波蝕窪, notch)** : 해식애 아랫부분이 파랑의 침식으로 움푹 파인 지형
- **파식대(波蝕臺, wave-cut platform)** : 해식애 앞에 파랑의 침식으로 해수면과 비슷한 높이로 형성된 평평한 지형
- **해안단구(marine terrace)** : 파식대가 융기해 바다보다 높고 평평한 지형
- **파식구(波蝕溝, wave furrow)** : 파식대에 파랑 침식으로 형성된 긴 도랑
- **시스택(sea stack)** : 암석의 단단한 부분이 파랑의 침식을 견디고 해안가에 남아있는 돌기둥
- **시 아치(sea arch)** : 파랑의 침식으로 아치 모양을 이루는 지형
- **마린포트홀(marine pothole)** : 파식대에 발달한 원형 혹은 타원형의 돌개구멍

해안퇴적지형 – 들어간 만(灣, bay)에서 주로 발달

- **사주(砂洲, sand bar)** : 하천에 의하여 바다로 유입된 토사가 파랑과 연안류에 의하여 해안과 평행하게 퇴적된 해안 지형
- **사빈(沙濱, sand beach)** : 파랑 등의 작용으로 바닷가에 모래가 쌓여 이루어진 해안지형
- **사구(沙丘, sand dune)** : 해안이나 사막에서 바람에 의하여 운반·퇴적되어 이루어진 모래 언덕
- **석호(潟湖, lagoon)** : 만으로 흘러드는 하천이 운반한 모래가 만의 입구를 막아 바다로부터 분리된 호수
- **육계도(陸繫島, land-tied island)** : 원래 섬이었다가 모래의 퇴적으로 형성된 사주에 의해 육지와 연결된 섬

풍화지형

- **타포니(tafoni)** : 암석 표면에서 암석 입자가 떨어져 나가면서 형성된, 움푹 파인 구멍이 벌집처럼 모여 있는 풍화 구조

곶과 만에서의 지형형성 작용

바람과 파랑은 해안 지형을 형성하는 주요인이다. 육지가 바다로 돌출한 곶은 파랑에너지가 집중하는 장소라 침식작용이 활발해 침식지형이 분포하는 암석해안이 형성된다. 파랑에너지가 약해지는 만은 주로 퇴적작용이 활발해 모래해안, 자갈해안, 갯벌해안(주로 서해) 등이 형성된다. 파랑의 침식작용이 활발한 곶은 해식애, 파식대, 해식동굴, 시스택, 시 아치 같은 침식지형이 주로 발달해, 수려한 경관의 암석해안을 이룬다. 과거 해안이 융기해 형성된 해수면보다 높고 평평한 지형을 해안단구라고 한다. 태백산맥이 해안까지 닿아있어 평야가 좁은 동해안에서, 바다보다 높고 월파(越波)와 해일의 위험이 없는 해안단구는 동해안에서 사람이 거주할 수 있는 중요한 지형이다. 곶은 육지가 바다로 돌출한 지형이라 대부분 전망이 좋으므로 동해안의 경우 해맞이 행사가 열리는 장소가 된다. 덕분에 각종 전망대, 카페, 펜션, 호텔 같은 업소가 곶에 자리한다.

곶과 곶 사이에 자리해 파랑에너지가 약해지는 만은 퇴적작용으로 석호, 육계도, 사주, 사빈, 사구 등이 형성된다. 모래해안이나 자갈해안은 대부분 해수욕장으로 이용된다. 육계도는 원래 섬이었다가 모래의 퇴적으로 형성된 사주에 의해 육지와 연결된 섬이다. 제주도 성산 일출봉이 대표적인 육계도다. 모래해안 뒤에 자리한 사구는 바람에 날려온 모래가 쌓여 퇴적된 언덕으로, 모래해안에서 바람을 막아주는 지형이라 사구 뒤에 마을이 자리한다. 사구 뒤에 사람이 정착하는 과정에 바람과 모래가 날리는 것을 막기 위해 사구에 방풍림이 조성된 사례가 많다. 동해안에서 모래해안, 사구, 사주, 육계도 등은 대부분 해수욕장 같은 관광자원으로 이용되는, 경제적 가치가 매우 큰 해안 퇴적지형이다.

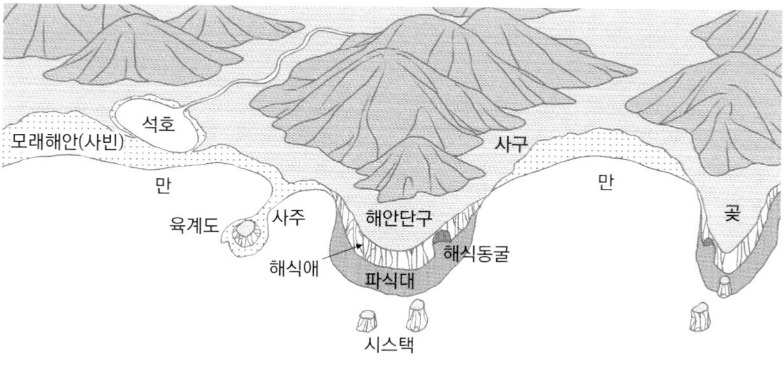

해안 지형 모식도(模式圖). 육지가 바다로 돌출한 곶은 파랑의 침식작용에 의해 암석해안이 발달하고, 만은 퇴적작용에 의해 모래, 갯벌해안이 발달한다.

포항해안 지형산책

포항시 북구 해안 지형

영일만 모래 해안 지형

구룡반도 서쪽 해안 지형

구룡반도 동쪽 해안 지형

포항시 북구 해안 지형

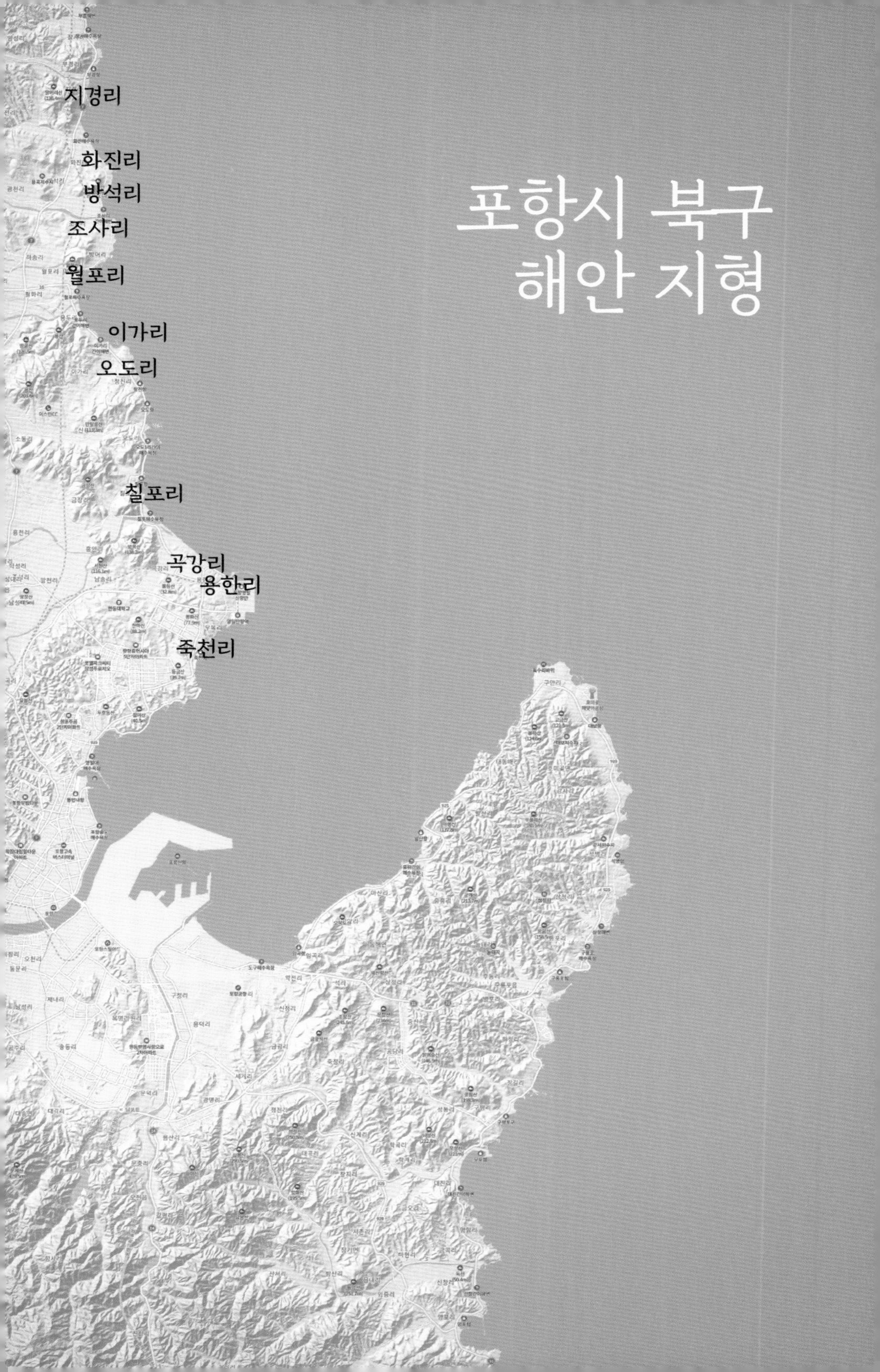

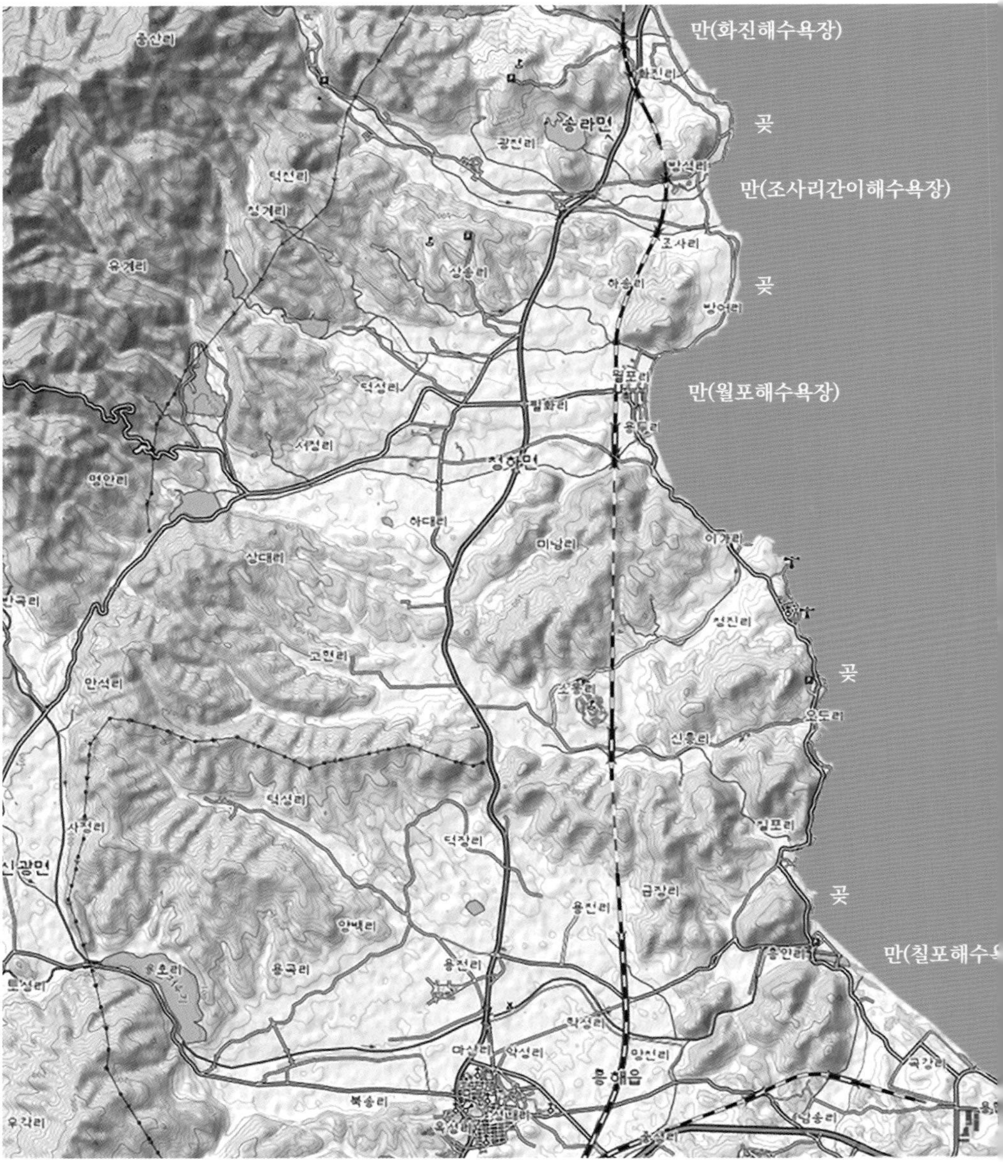
만(화진해수욕장)
곶
만(조사리간이해수욕장)
곶
만(월포해수욕장)
곶
곶
만(칠포해수
송라면
청하면
신광면
흥해읍
화진리
방석리
조사리
하송리
방어리
월포리
이가리
청진리
오도리
신흥리
칠포리
금장리
용전리
용한리
광천리
덕천리
청계리
유계리
상송리
덕성리
필화리
서정리
명안리
하대리
미남리
상대리
고현리
만석리
덕성리
덕장리
사정리
양백리
용곡리
용호리
용전리
학성리
마산리
약성리
망천리
북송리
옥성리
곡강리
남송리
우각리
중산리
토성리

포항시 북구 해안의 암석분포.
곶에는 화산암, 만에는 떡돌이 분포되어 있다.

영덕군과 경계를 이루는 지경리에서 영일대해수욕장으로 이어지는 포항시 북구 해안은 드나듦이 아주 작은 단조로운 해안을 이루고 있다. 영문자로 비교하면 C자와 역 C자가 반복되는 형태를 보인다. C자는 바다가 육지 쪽으로 오목하게 들어온 만(灣, bay), 역 C자는 육지가 바다 쪽으로 볼록하게 튀어나와 곶(串, head land)을 이룬다.

곶은 파랑에너지가 집중하는 장소라 침식지형인 해식애(海蝕崖, 바다 절벽), 파식대(波蝕臺, wave-cut platform), 시스택(sea stack) 지형이 발달하고, 파랑에너지가 상대적으로 약한 만은 백사장이나 몽돌 해안 같은 퇴적지형이 발달한다. 북구 해안의 크고 작은 만으로는 태백산맥에서 작은 하천이 흘러든다. 대전천이 흐르는 골짜기에는 대전리 마을이 자리하고, 대전천이 동해와 만나는 곳에는 대전천이 운반한 모래가 쌓여 화진해수욕장을 이룬다. 내연산에서 시작된 광천 골짜기에는 송라면 소재지가 자리하고, 광천이 동해와 만나는 곳에는 광천이 실어 온 자갈이 쌓여 조사리간이해수욕장을 이룬다. 하천이 운반한 토사가 동해와 만나 바닷가에 퇴적지형을 만든다. 청하천과 서정천이 자리한 청하분지는 동해안에서는 상대적으로 넓은 들판(분지)을 이룬다. 청하천과 서정천이 동해와 만나는 월포만에는 포항시에서 가장 규모가 큰 월포해수욕장이 자리한다. 북구 해안에서 가장 규모가 큰 들판인 흥해분지를 흐르는 곡강천이 동해와 만나는 칠포만에는 곡강천이 운반한 모래가 퇴적된 칠포해수욕장이 발달해 있다. 화진, 월포, 칠포 등 만에 발달한 해수욕장은 대표적인 해안 퇴적지형으로 포항시의 중요한 해안 관광자원이다.

북구 해안의 암석별 지형 발달 상태를 보면 어떤 암석이 분포하느냐에 따라 곶이 되거나, 만이 형성 된다. C자형으로 오목하게 들어온 만은, 파랑에 쉽게 침식되는 신생대 제3기 연일층군(떡돌)이 분포하고, 역 C자 형태로 볼록하게 바다로 내민, 곶은 파랑의 침식에 강한 신생대 고 제3기[1] 화산암이 주로 분포한다. 내연산-천령산-비학산으로 이어지는 내륙의 높은 산줄기는 신생대 신 제3기[2] 퇴적암보다 침식에 강한 중생대 백악기 암석(보경사응회암, 퇴적암, 불국사화강암)이 주로 분포한다. 포항시의 북구 해안에서는 암석 차가 해안 지형의 형성에 큰 영향을 끼치고 있다.

---

1 신생대 고 제3기(Paleogene)는 신생대의 세 기 중 첫째 시기로 약 6,600만 년 전부터 2,300만 년 전까지의 지질시대다. 신생대는 고 제3기, 신 제3기, 제4기의 세 시기로 구분한다.

2 신생대 신 제3기(Neogene)는 신생대의 세 기 중 두 번째 시기로 약 2,300만 년 전부터 258만 년 전까지의 지질시대다.

포항시와 영덕군의 경계 마을, 지경리

송라면 지경리는 포항시와 영덕군의 경계에 자리한 마을로, 지경리라는 지명은 행정구역의 경계에 자리한 마을에 흔히 붙는 이름이다. 경주와 울산광역시의 경계에 있는 양남면 수렴리에도 지경 마을이 있다. 화진해수욕장에서 지경리 선착장에 이르는 해안은 바다로 돌출한 곳이라 파랑의 침식작용이 강해 암석해안을 이루고 있다. 지경리 암석해안에는 해식애, 파식대, 파식와(波蝕窪, notch), 마린포트홀(marine pothole), 파식구(波蝕溝, wave furrow) 같은 해안침식지형이 장관을 이루고 있다.

그리고 침식으로 형성된 바위 면에는 염정풍화(salt weathering)로 형성된 타포니(tafoni, 풍화혈)가 여러 곳에 발달해 있다. 벌레가 바위에 구멍을 낸 것 같은 형태의 타포니는 해안가 바위에 발달하는데, 지경리 해안처럼 화산분출물이 퇴적되어 형성된 화산암에 특히 잘 형성된다. 염정풍화란 짠 바닷물이 암석에 스며든 다음 햇빛에 의해

수분만 증발하고 소금 결정이 커지며 암석을 깨트리는 작용을 말한다. 지경리에서 칠포에 이르는 해안 곳곳에 분포하는 화산암은 연탄재처럼 암석조직이 엉성해, 스펀지처럼 바닷물을 많이 흡수한다. 화산암 조직 사이로 스며든 바닷물이 증발하고 소금 결정이 점점 커지면서 마침내 암석을 부수게 되고, 암석 표면에 벌레가 판 구멍 같은 풍화혈(구멍)이 형성된다. 이것을 타포니라고 하며 암석해안의 다양한 경관을 만드는 중요한 미지형(규모가 작은 지형)이다.

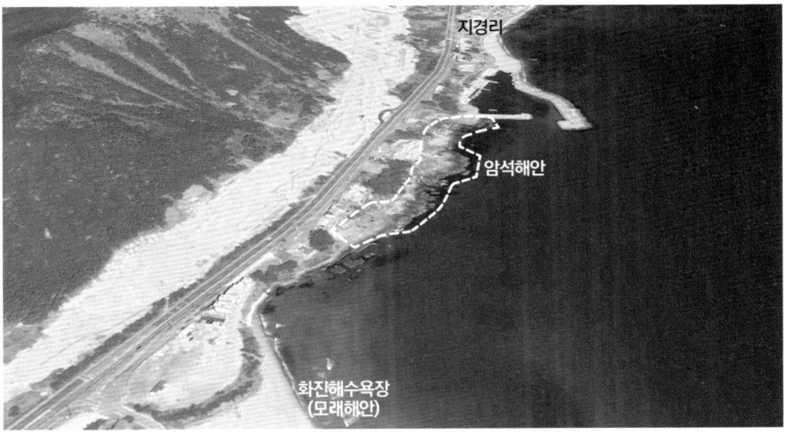

1 지경리 해안의 지형. 만에는 퇴적지형인 화진해수욕장, 곶에는 암석해안이 자리해 있다.

화산각력암 표면의 얼룩무늬

지경리 선착장을 지나면 파랑의 침식으로 형성된 파식대 면에 얼룩얼룩한 무늬가 있는 바위가 보인다. 사진에 나타난 독특한 무늬는 화산각력암이 파랑의 침식으로 노출되어 형성된 것이다.

2 얼룩무늬가 발달한 화산각력암. 화산폭발 때 분출한 각진 자갈이 쌓여 굳어진 화산각력암이 파랑의 침식으로 드러나 독특한 무늬를 보인다.

포항시 북구 해안 지역에는 먼 지질시대 화산폭발로 형성된 화산암이 분포하는 곳이 많은데, 지경리 암석해안도 화산분출물이 굳어 형성된 화산암이 분포한다. 화산이 폭발할 때 분출한 물질 중 입자 크기가 65mm 이상인 각력(角礫, 각진자갈)이 쌓여 굳어진 돌이 화산각력암이다. 화산 각력들을 감싸고 있는 물질과 화산 각력의 색이 서로 달라 얼룩무늬처럼 보이는 것이다.

지경리의 다양한 해안 침식지형

파랑의 침식작용이 활발한 암석해안이지만, 파랑의 힘이 약해지는 작은 만에는 퇴적작용이 일어나 둥근 자갈이 쌓인 해안을 이루고 있다. 자갈해안도 원래는 암석해안이었지만, 주변보다 파랑의 침식에 약한 부분이라 먼저 침식되어 작은 만이 형성된 후 자갈이 퇴적되어 현재의 자갈해안이 형성되었다. 자갈해안 주위의 바위에는 파랑의 침식작용으로 형성된 해식애, 파식와, 마린포트홀 그리고 지경리 암석해안의 상징인 호랑이바위가 있다.

3 자갈해안과 해안 침식지형. 암석해안의 작은 만에 퇴적작용으로 둥근 자갈해안이 형성되었고, 곶에 해당하는 바위에는 각종 침식지형이 발달했다.

바다와 바위가 접한 해수면 부분은 늘 물에 젖어있고, 파랑의 침식작용이 활발해, 다른 곳보다 침식속도가 빨리 진행돼 바위 밑 부분이 움푹 들어간 특이한 형태의 지형이 형성된다. 이것을 파식와라고 하

4 파식와(notch). 파랑이 해수면과 가까운 바위 아래를 침식해 움푹 파인 노치가 형성되었다.

는데 파랑의 작용이 강한 해안에 잘 발달한다. 바위 아랫부분이 더 깊이 파이면 윗부분의 무게 때문에 결국 무너지고, 다시 파랑의 침식 작용에 의해 파식와가 형성되고, 다시 무너지는 과정을 통해 해안선은 육지 쪽으로 후퇴하게 된다.

호랑이바위는 자갈해안 남쪽에 자리한 큰 바위로, 옆모습이 호랑이가 바다로 고개를 돌리고 있는 형태다. 파랑의 침식작용과 염정풍화작용을 받아 호랑이 모양이 되었을 것으로 추정된다. 바위가 파랑

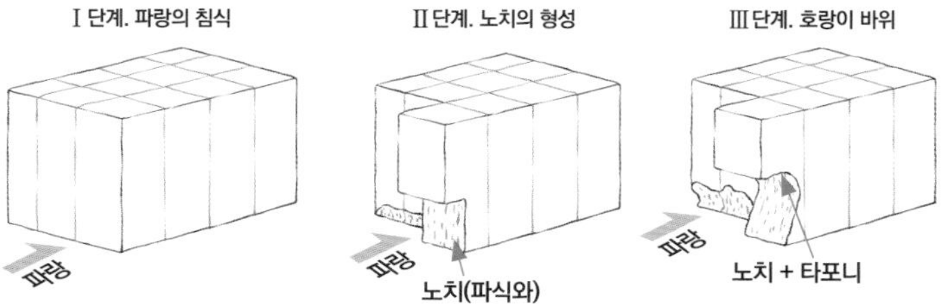

5 호랑이 바위의 형성과정. 바위 절벽(해식애)의 아래에 노치가 형성되고, 노치의 윗부분이 염정풍화로 타포니가 형성돼 옆모습이 호랑이 모양처럼 보인다.

6 타포니와 파식와가 빚은 호랑이바위. 호랑이 다리처럼 보이는 부분이 파식와, 바위 윗부분의 구멍은 타포니다.

의 침식을 받아 절벽의 아랫부분이 움푹 파여 파식와가 형성된다. 호랑이바위는 해식애에 파랑의 침식으로 파식와가 형성되고, 염정풍화로 형성된 타포니가 파식와 윗부분을 더 깊이 파내 전체적으로 호랑이 형태의 바위가 형성되었다.

사진 7은 파랑의 침식작용으로 형성된 돌개구멍(웅덩이)으로 마린포트홀이라고 하는 해안 침식지형이다. 마린포트홀은 파랑과 자갈의 연합군에 의해 바위 표면의 약한 부분이 집중적으로 침식되어 형성된다. 특히 바위에 단열(fracture)이 간 부분(절리, 단층처럼 갈라진 부분)처럼 약한 부분을 따라 잘 형성된다. 사진 7의 바위 표면에 길게 갈라진 단열이 있고, 이것과 수직으로 교차하는 여러 개의 단열도 있어 마린포트홀이 발달하기 좋은 조건이다. 그결과 큰 규모의 마린포트홀 무리가 형성되었다. 약한 암석은 파랑과 자갈의 침식작용이 일어나면 부스러지기 때문에 마린포트홀이 형성되기 어렵다. 상대적으로 단단한 암석에서 마린포트홀이 형성되고 잘 유지된다. 마린포트홀에

7 마린포트홀과 구멍을 만든 현행범. 몽돌바위의 갈라진 틈(단열)을 따라 파랑의 침식이 집중되어 형성된 수많은 구멍을 마린포트홀(바다 돌개구멍)이라고 한다. 돌개구멍 형성은 파도의 힘에 밀려다니며 바위 표면을 갈아낸 둥근 자갈의 역할이 크다.

들어있는 둥근 자갈은 파랑의 침식작용이 현재도 진행되고 있음을 알려준다. 둥근 자갈이 파랑에 의해 회전하며 암석의 약한 부분을 그라인더로 갈 듯이 침식을 해 마린포트홀이 형성된다. 이런 작용을 마식(磨蝕, abrasion)이라고 한다. 마린포트홀 속에 있는 둥근 자갈은 마식 작용을 한 현행범이라고 할 수 있다.

지경리 암석해안에는 북동-남서 방향의 단열(절리, 단층선, 구조선 등, 암석의 갈라진 틈)이 대세를 이루고 있다. 즉, 해안의 바위에 북동-남서 방향으로 상처가 나 있다고 생각하면 쉽게 이해할 수 있다. 과일도 상처 난 부분이 먼저 썩는 것처럼, 암석도 갈라진 상처인 단열이 약한 부분이라 먼저 침식된다. 상처가 난 부분이 파랑의 침식에 약하기 때문에, 많이 파여 파식구(도랑)가 형성된다. 이런 파식구 중 규모가 커 다음 사진처럼 작은 골짜기를 이루기도 한다. 타포니 지형 옆에 수직 단열이 보이는데 그 방향이 북동-남서 방향이다. 파랑이 바위의 약한 부분인 단열을 차별침식해 골짜기가 형성된 것이다. 이

8 파랑의 침식으로 형성된 작은 협곡(파식곡). 암석의 갈라진 틈(절리, 단층)을 따라 진행된 파랑의 침식으로 작은 골짜기가 만들어졌다. 이 골짜기는 자갈해안으로 이어진다.

골짜기가 파랑의 침식으로 형성되었다는 증거는 골짜기 바닥에 파인 마린포트홀과 그 안에 들어있는 둥근 자갈이다. 평상시에는 바다보다 높아 파랑의 영향이 없는 장소처럼 보이지만, 폭풍과 태풍이 불어 큰 파도가 칠 때, 마린포트홀까지 자갈이 파도에 밀려 올라와 협곡 바닥을 침식해 마린포트홀이 형성되고 있다. 골짜기 벽면의 타포니는 파도가 칠 때 바위에 스며든 바닷물이 증발하고 소금 결정이 커지면서 암석조직을 뜯어내는 염정풍화작용으로 형성되고 있는 지형이다.

지경리 암석해안 산책로에 홀로 서 있는 바위로, 모양이 무덤 앞에 세운 비석과 비슷해 비석바위라고 이름을 붙여놨다. 원래는 왼쪽 옆에 자리한 큰 바위의 한 부분이었는데, 오랜 세월 풍화와 침식으로 약한 부분이 제거되고 단단한 부분만 비석 모양으로 남아있는 지형이다. 자연적으로 형성된 바위 모양에 의미를 부여해 이야기를 만드는 건 예나 지금이나 같은가 보다. 독특한 형태의 바위에 얽힌 신화와 전설들은 옛사람들이 남긴 스토리텔링의 흔적이다.

9 비석바위.

사빈, 사구가 발달한 화진리

화진해수욕장은 북서쪽에 자리한 말머리산과 남동쪽에 자리한 봉화산 사이의 만에 모래가 쌓여 이뤄진 해안 퇴적지형이다. 보경사군립공원에 자리한 문수산(622m)에서 시작된 대전천이 화진해수욕장이 자리한 만으로 운반한 토사가 쌓여, 화진해수욕장으로 이용하는 사빈(沙濱, sand beach, 모래해안)이 형성되었다. 화진해수욕장 뒤편에는 바람에 의해 사빈의 모래가 쌓여 형성된 사구(沙丘, sand dune)가 자리해 있다. 사구 뒤편에는 화진1리가 자리해 있고, 농경지가 펼쳐져 있다.

해수욕장 옆으로 포항과 영덕 간 철도와 7번 국도가 지나고, 포항, 영덕 간 고속도로가 개통되면 수도권, 경북내륙 등에서 접근성이 더 좋아지기 때문에 앞으로 발전이 기대되는 해수욕장이다.

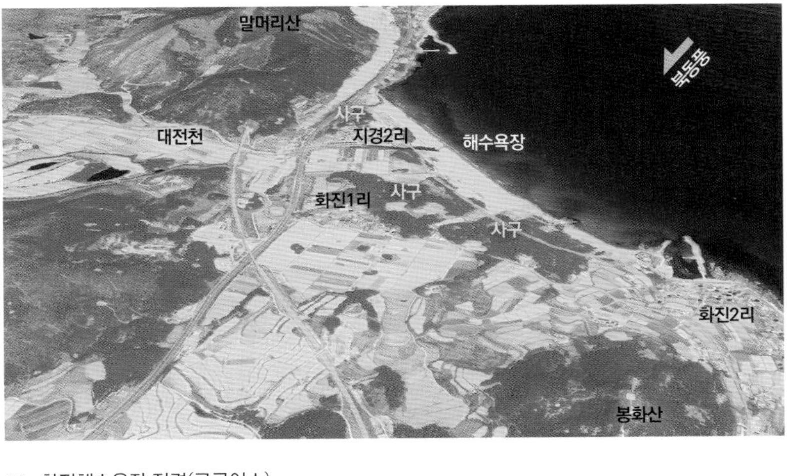

10 화진해수욕장 전경(구글어스)

화진해수욕장 같은 모래해안의 모래는 바다에서 공급되는 사례도 있지만, 동해안의 모래는 대부분 만으로 흘러드는 하천이 공급한 것이다. 화진해수욕장의 모래도 이곳으로 흘러드는 대전천이 주로 운반한 것이다. 대전천 유역에는 신생대 제3기 연일층군(떡돌)의 퇴적암과 신생대 고 제3기의 화산암이 분포한다. 연일층군은 진흙이 퇴적되어 형성된 이암(셰일)과 모래가 퇴적되어 형성된 사암이 시루떡처럼 교대로 쌓여있다. 연일층군의 퇴적암을 이루는 사암이 풍화되어 대전천에 모래가 공급되고, 대전천이 모래를 바다까지 운반하였다.

바다로 운반된 모래는 파랑과 연안류의 작용을 받아 해안가에 쌓여 화진해수욕장을 형성한 것이다. 동해의 강한 파랑은 하천이 공급한 모래를 해안으로 밀어붙여 먼바다로 나가지 못하게 하고, 해안과 평행하게 흐르는 연안류는 모래를 해안과 평행하게 퇴적시킨다. 동해의 모래해안은 하천과 바다(파랑과 연안류)의 합작으로 형성된 퇴적지형이다.

38년 만에 주민 품으로 돌아온 화진리 모래 해안

화진해수욕장은 1982년 6월 육군 2 작전사령관 휴양소로 조성한 뒤, 철조망을 치고 외부 출입을 통제하는 바람에 관광개발지구로 지정됐지만 1993년 취소되었다. 이런 이유로 화진해수욕장의 주요 숙박, 주차 시설은 지경2리 쪽에 집중되어 있다.

모래 해안 바로 뒤에 있는 건물이 현재 철거 중인 육군휴양소 시설이다. 2020년 육군과 포항시, 송라면 주민들은 군 휴양소 담장과 숙영 시설 일부를 철거해 순차적으로 개방하기로 합의했다. 그 결과 현재 군 시설과 도로를 분리했던 시멘트 담장이 모두 철거되었다.

11 화진해수욕장 전경

사람이 살아갈 자리를 만들어주는 바람의 아들 사구

화진해수욕장의 뒤쪽에는 해변의 모래가 바람에 날아가 쌓여 만들어진 언덕이 있는데, 이를 사구라고 한다. 해수욕장의 모래가 하천과 바닷물의 합작품이라면, 사구는 하천과 바다가 해변에 쌓아 놓은 모래를 바람이 내륙 쪽으로 옮겨 쌓아 놓은 일종의 풍적 지형이다. 물천지인 바다와 바람의 합작으로 사구가 형성된 것이다. 화진해수욕장이 자리한 해안에 모래를 움직여 사구를 만들 정도로 강한 바람(동풍, 북동풍)이 분다는 의미이기도 하다.

동해로 열린 만에 자리한 화진해수욕장은 사계절 바다로부터 바람이 불어온다. 대부분 바다에서 육지로 부는 바람의 풍향은 동풍, 북동풍이 대부분이다. 늦여름에서 가을에 우리나라로 올라오는 태풍이 동해상으로 진출할 때, 동해안에 강한 북동풍이 불게 된다. 동해에서 불어오는 바람이 해수욕장의 모래를 내륙으로 운반해 쌓아 만든 사구에는 대부분 소나무 숲이 조성되어 있다. 사구에서 자라는 소나무는 바다에서 불어오는 해풍의 영향을 받아 내륙 쪽으로 기울어져 있는데 이런 나무를 편향수(偏向樹)라고 한다. 바람이 강한 제주도 해안 도로의 가로수에서 이런 모습이 잘 나타난다. 나침반이 없어도 편향수의 몸통과 나뭇가지가 기울어진 방향을 보면, 그 해안 지역에 주로 부는 바람의 방향을 알 수 있다. 사구의 소나무 숲은 해수욕장을 찾는 사람들이 쉴 수 있는 공간도 제공한다. 그러나 사구에 각종 편의 시설을 짓는 것은 바람직하지 않다. 해풍과 모래를 막아주는 사구는 자연 그대로 두고, 각종 편의 시설은, 사구 뒤에 짓는 것이 사구를 개발하는 것보다 훨씬 환경친화적이고 사람에게도 이롭다. 사구가 사라지거나 심하게 훼손되면 여러 가지 환경문제가 발생하게 된다.

12 화진해수욕장의 편향수. 바다에서 불어오는 해풍의 영향으로 소나무가 내륙 쪽으로 기울어져 있다.

사구에는 소나무 숲이 있는데 바다에서 내륙으로 부는 바람과 날려오는 모래를 막기 위해 조성한 방풍림(防風林, 바람막이숲)이다. 화진해수욕장처럼 바다에서 바람이 많이 불어오는 해안에서 사람이 살 수 있는 곳은 사구의 뒤쪽처럼 강한 바닷바람이 차단되는 곳이다. 화진해수욕장 사구의 뒤편에 화진1리가 자리해 있는 것도 지리적으로 보면, 우연이 아닌 필연이다. 송라면의 송라(松羅)는 소나무를 널려 놓은 것 같다는 의미인데, 화진1리 마을 뒤편 사구에 펼쳐진 소나무 숲에서 지명이 유래되었다고 한다.

13 사구 뒤에 자리한 화진1리. 해수욕장 뒤에 자리한 사구에 소나무 숲을 조성해 해풍으로부터 마을과 농경지를 보호하고 있다.

사구는 바람이 많은 바닷가에서 사람이 살아갈 수 있는 공간을 만들어주는 중요한 지형이다. 빗물이 사구의 모래층으로 스며들어 사람이 이용할 수 있는 담수를 저장해 주고, 짠 바닷물이 내륙으로 들어오는 것을 막아주는 역할을 한다. 사구는 바다 생태계와 육지 생태계의 경계를 이루는 중요한 지형이다. 관광지 조성을 위해 무분별하게 사구를 파헤치게 되면, 바닷물을 막아주던 담수 층이 파괴되어 바다의 짠물이 육지로 들어오게 되고, 생태계에 큰 피해를 초래할 수도 있다.

사구 뒤에 자리한 화진1리는 사구에 조성한 소나무 숲 덕분에 바닷바람을 피할 수 있고, 사구에 의해 형성된 지하수를 식수로 이용할 수 있어 사람이 거주하기 적당한 위치다. 마을 앞에는 육지에서 운반된 토사가 퇴적되어 농경지도 조성할 수 있다. 사구 뒤편의 낮은 곳은 지하수면이 높아, 사람이 정착하기 전 석호 같은 습지를 이루는 경우가 많았으나, 현재는 개간되어 대부분 논으로 이용된다.

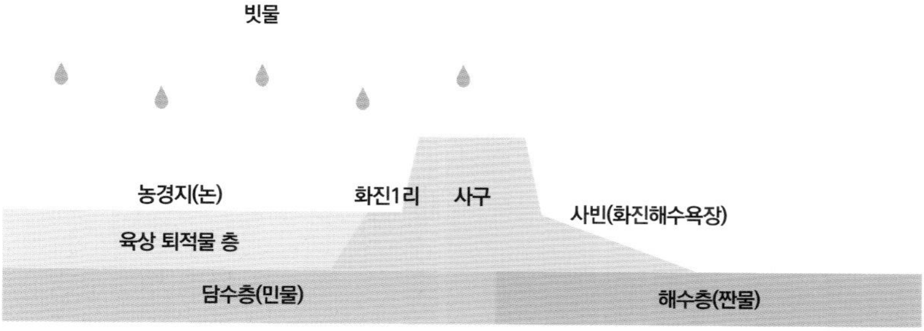

14 화진해수욕장 사구 모식도. 사구에 저장된 담수 층은 해수가 내륙으로 침투하는 것을 막아 육상 생태계를 보호한다.

곶에 자리한 방석리

포항시 청하면 방석리와 화진2리는 육지가 바다로 돌출한 곶에 자리한 마을이다. 마을 뒤에 자리한 봉화산자락이 동해에서 밀려오는 강한 파랑의 침식을 받아 해안단구, 시스택, 파식대, 마린포트홀 등 각종 해안침식지형이 형성되었다.

방석리와 화진2리의 마을 뒤에 자리한 봉화산(烽火山)은 신생대 고제3기 화산활동 때 형성된 화산암이 분포한다. 봉화산의 화산암은 포항지역 대부분을 덮고 있는 신생대 신 제3기 연일층군의 퇴적암과 달리 침식에 강해 나무가 자라지 못하는 바위와 암벽이 노출된 돌산(石山)을 이루고 있다. 침식을 견디고 남아 바닷가에 우뚝 솟아있는

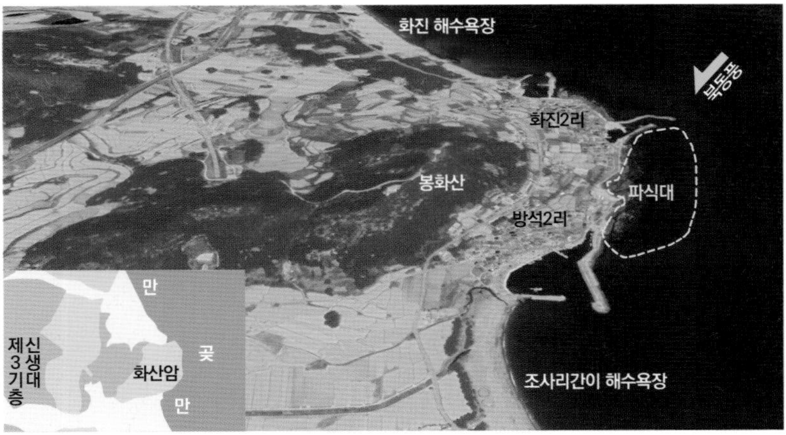

15 곶에 자리한 방석리의 지형. 파랑의 활발한 침식작용으로 파식대, 시스택 등 해안침식지형이 발달했다.

봉화산은 주변 육지와 바다를 감시할 수 있는 지리적 요충지라 일찍부터 봉화대로 사용되었고, 현재는 조사리간이해수욕장에서 전개되는 해병대 상륙 훈련을 지휘하는 전망대가 자리해 있다. 북쪽에 자리한 화진해수욕장과 조사리간이해수욕장이 자리한 만은 침식에 약한 신생대 신 제3기 연일층군의 퇴적암이 분포한다. 신생대 신 제3기 연일층군의 퇴적암과 침식에 강한 봉화산 화산암의 차별침식으로, 침식에 약한 암석은 만을 형성하고, 침식에 강한 화산암은 상대적으로 고도가 높은 봉화산을 형성한 것이다.

화산암 돌산 봉화산(烽火山)은 조선시대의 핸드폰

신생대 고 제3기인 에오세의 화산활동으로 분출한 물질이 굳어 형성된 봉화산 화산암은 침식을 견디고 남아 급경사의 돌산을 이루고

16 바위가 노출된 봉화산

있다. 남쪽과 동쪽 사면에는 바위의 노출이 심하고, 애기방우라고 불리는 토르(tor) 지형이 발달했다. 토르는 암석의 약한 부분이 침식으로 제거되고 강한 부분만 남아있는 독립된 바위로 봉화산 같은 돌산에 많이 분포하는 지형이다.

풍화와 침식에 강한 화산암이 분포하는 봉화산은 해안가에 우뚝 솟아있어 월포로 이어지는 남쪽 해안과 영덕으로 이어지는 북쪽 해안이 모두 조망된다. 해안에 우뚝 솟은 봉화산은 해안을 감시하는 망루(초소)와 같은 지형이다. 동해안 방어를 위해 이런 지리적 요충지에 봉화대를 설치했던 조상들의 높은 지리적 감수성에 감탄한다.

조선시대의 가장 빠른 통신수단인 봉수대가 자리했던 방석리의 봉화산은, 조선시대 제작된 대동여지도와 지리서인 여지도서에 도리산(桃李山) 봉수대로 기록되어 있다. 학자들에 따르면 봉수로를 통한 정보의 전달 속도는 대략 시속 100km 정도였다고 한다. 봉수대는 조선시대에 가장 빠른 통신수단이었다고 할 수 있다.

지리적 관점으로 국가를 사람에 비유하면 땅은 사람의 몸이고, 교통로는 사람의 혈관이며, 통신은 사람의 신경에 해당된다고 본다. 국가가 발전하기 위해서는 사람과 물자를 필요로 하는 곳에 원활하게 연결해주는 교통이 편리해야 하고, 필요한 정보를 빠르게 전달해주는 통신 시설이 잘 갖춰져야 한다. 조선시대 국경에서 위급 상황이 발생했다는 정보를 가장 빨리 전달하기 위해 설치했던 통신수단이 바로 봉수대고, 전국의 봉수대를 연결한 것이 봉수로 즉 통신선로다. 이런 점에서 봉수대는 통신선을 연결해 정보를 전달해주는 조선시대의 핸드폰이나 다름없었다.

동해안은 고대 신라시대부터 왜구의 침입이 잦았던 곳이다. 특히 고려말에서 조선 초에 이르는 시기 왜구의 침략과 노략질이 극심했었고, 이들을 막기 위해 칠포에 오늘날 해군 기지인 수군만호진을 설치했었다. 해안감시에 유리한 봉화산에 봉화대를 설치한 것은 국가의 입장에서는 당연한 군사적 조치였다. 봉화산과 관련된 흥미로운 사실은, 산 능선에 해병부대 상륙 훈련을 관람하고 지휘하는 전망대가 설치되어 있다는 사실이다. 봉화산은 조선시대에서 현대의 대한민국에 이르기까지 변함없이 군사적인 요충지로 자리매김하고 있다.

방석리와 화진2리 마을이 자리한 해안단구

경북 동해안은 한반도의 등줄기 산맥인 태백산맥이 해안 가까이 자리해 있어 사람이 거주할 만한 공간(평야, 분지)이 매우 좁다. 바닷가에 자리하고, 해수면보다 높고 평평한 계단 모양의 지형을 해안단

17 방석리와 화진2리가 자리한 해안단구 전경. 봉화산자락에 발달한 경사가 완만한 해안단구에 마을과 농경지가 자리했다.

구(marine terrace, 바다 계단)라고 하는데, 해안평야가 거의 없는 동해안에서는 사람이 살아갈 수 있는 몇 안 되는 소중한 공간이다. 해안단구는 해수면보다 높고 평탄한 지형이라 폭풍이나 태풍 같은 강한 바람에 의한 높은 파도와 해일의 피해로부터 안전하다. 포항시 북구 해안에 발달한 해안단구에는 마을, 도로, 농경지(논, 밭)가 자리한다.

방석리와 화진2리는 침식에 강한 화산암이 분포하는 봉화산자락이 강한 파랑의 침식으로 형성된 평평한 파식대가 융기해 만들어진 해안단구 면에 자리해 있다. 상대적으로 침식에 약한 신생대 제3기 연일층군의 퇴적암이 분포했다면, 두 마을이 자리한 해안단구는 현재보다 더 평평하고 넓은 해안단구가 형성됐을 것이다.

강한 파랑의 침식을 받은 동해안의 곶에는 각종 침식지형이 발달하는데, 그중 파랑의 침식으로 형성된 바닷가의 평평한 지형을 파식대라고 한다. 평평한 파식대가 지각의 융기로 해수면보다 높아진 계단 모양의 지형을 해안단구라고 한다. 파식대의 단단한 부분이 침식에 견디고 남은 바위가 해수면 위로 솟아있으면 시스택이라고 한다.

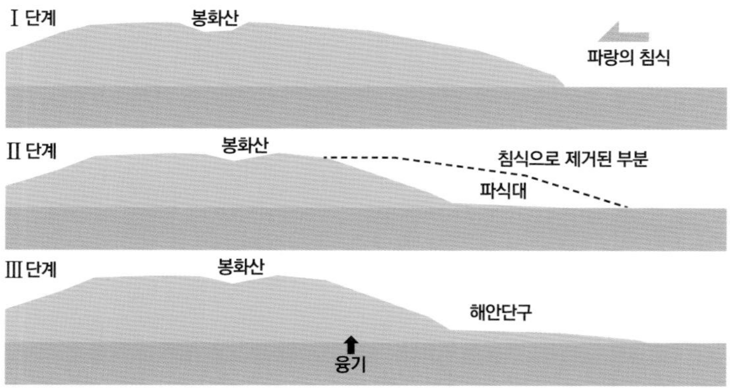

18 방석리 해안단구의 형성과정

수산자원의 보물창고 해안 침식지형

동해의 강한 파랑에너지가 집중되는 곳에 자리한 방석2리 해안에는 해안단구 외에도 파식대, 시스택, 마린포트홀, 파식구 같은 각종 해안 침식지형의 전시장을 이루고 있다.

19 방석항 앞 바다에 발달한 파식대. 대규모 파식대는 방석항으로 밀려오는 큰 파도를 막아주는 천연 방파제다.

파식대는 파랑의 침식으로 평평해진 바위 지대를 말한다. 위 사진은 방석항 방파제 앞에 수면 위로 드러난 부분과 수면 아래 검은색으로 보이는 바위 지대가 파랑의 침식으로 형성된 파식대다. 물속에 있는 파식대와 바위는 전라도에서는 여라 부르고, 경북 동해안에서는 짬이라고 부른다.

해안선이 단조로워 만이나 섬, 반도가 없는 동해안에서 바위로 이루어진 파식대는 어패류와 해조류가 서식할 수 있는 자연 어초(魚礁)

다. 방석리의 돌미역과 각종 어패류의 채취가 가능한 것도 방석리 앞바다에 대규모로 발달한 파식대 덕분이다.

20 파식대에 자라는 해조류 채취 모습

사진 20은 바닷물이 가장 많이 빠져 파식대가 해수면 위로 드러났을 때 미역을 비롯한 해조류를 채취하는 광경이다. 경북 동해안 어촌에 많은 수의 해녀들이, 어로 활동을 할 수 있는 것도 강한 파랑의 침식으로 형성된 파식대, 시스택 등 암초와 경상도 방언으로 짬이라 불리는 수중 암초가 많아 어패류가 많이 서식할 수 있기 때문이다.

파랑의 침식으로 평평한 파식대가 형성되는 과정에서 암석의 단단한 부분은 침식되지 않고 남아 시스택을 형성한다. 방석2리는 원래 거무돌 또는 독석(獨石) 마을이라고 불렸는데, 방석리 해안가에 파랑의 침식을 견디고 홀로 남아있는 시스택인 거무돌에서 마을 이름이 유래하였다. 현재 거무돌은 방석항 남쪽 방파제 옆에 자리해 있다.

21 독석 마을이라는 지명을 만든 거무돌(시스택)

방석리의 넓은 파식대 곳곳에 웅덩이와 도랑이 파여 있는데, 웅덩이를 마린포트홀, 도랑을 파식구라고 한다. 강바닥의 바위에 파이는 구멍을 포트홀(돌개구멍)이라고 하는데, 바닷가의 파식대에 파랑의 침식으로 형성된 구멍은 마린포트홀이라고 한다. 거센 파랑에 의해 자갈, 모래 등이 회전하며 파식대 표면을 갈아내는 작용(마식)에 의해 마린포트홀이 형성된다.

22 마린포트홀(바다 돌개구멍). 파식대 위에 여러 개의 마린포트홀이 발달해 있다.

파식구는 파랑의 침식작용으로 파식대에 길게 파인 도랑이다. 파식대를 이루고 있는 바위에 발달된 갈라진 단열이 파랑의 침식작용을 받아 형성된다. 마린포트홀과 마찬가지로 파랑에 의해 이동하는 자갈, 모래의 마찰과 침식작용도 파식구 형성에 큰 역할을 한다. 파식대, 시스택, 마린포트홀, 파식구 등의 해안 침식지형은 파랑이 이들 지형을 만든 원인이라는 사실을 현장에서 배울 수 있는, 살아있는 지형 교과서다.

23 파식구(파랑이 만든 도랑)와 마린포트홀

전설의 배경이 된 조사리

조사리는 신생대 고 제3기 화산암이 분포하는 월현산이 동해로 돌출한 곶에 자리해 있다. 신생대 제3기 연일층군의 퇴적암보다 풍화와 침식에 강한 화산암으로 이루어진 월현산은 방석리 봉화산처럼 급경사의 돌산을 이룬다. 곶을 이루는 조사리의 북쪽 만에는 자갈이 퇴적되어 형성된 몽돌 해안인 조사리간이해수욕장이 자리한다.

조사리에서 방어리에 이르는 월현산 기슭에는 해안단구 지형이 발달했다. 수리개들, 방어리들, 강변들로 불리는 해안단구는 포항시 북구 해안에서 드물게 상대적으로 넓은 평야를 이루고 있다. 해안단구

24 곶에 자리한 조사리의 해안 지형. 조사리에서 방어리에 이르는 곶에는 넓은 파식대와 수중 암초가 잘 발달해 있다.

의 끝자락에는 파랑의 침식으로 형성된 파식대, 시스택, 마린포트홀, 파식구 등 해안침식지형이 발달했다. 방어리에서 조사리에 이르는 해안에는 파식대가 넓게 발달했다. 조사리의 해안침식 지형은 옛날 사람들의 스토리텔링 대상으로 전설이 덧붙여졌다.

해안단구의 전형을 보여주는 조사리 수리개들

방어리와 조사리는 침식에 강한 화산암이 분포하는 월현산자락이, 강한 파랑의 침식으로 평평해진 땅이 융기한 해안단구에 자리해 있다. 조사리~방어리에 이르는 넓은 들판(수리개들, 강변들, 방어리들)은 포항시 북구 해안에 발달한 해안단구 중에서 교과서적인 형태와 토지 이용 모습을 보여준다. 산지가 해안까지 뻗어있는 경북 동해안에서 바닷가에 자리한 계단 모양의 평평한 해안단구는 사람이 거주할

25 조사리~방어리 해안단구 전경. 현재는 단구면 대부분이 논으로 이용되고 있으나, 이런 모습은 1970년대에 만들어졌다.

수 있는 매우 중요한 지형이다. 해안단구는 평평한 지형이라 논, 밭과 같은 농경지와 마을 그리고 도로로 이용되는데, 조사리 해안단구는 이런 전형적인 해안단구의 토지 이용 모습이 잘 나타난다. 사진의 농경지가 분포하는 해안단구 면과 마을이 자리한 단구 면의 높이 차가 나타난다. 농경지가 자리한 해안단구 면이 먼저 형성된 후 마을이 자리한 낮은 단구 면이 나중에 형성되었음을 알 수 있다. 단구면 앞 바다에 하얗게 파도가 부서지는 부분이 파랑의 침식으로 만들어지고 있는 현재의 파식대인데, 오랜 시간이 흐른 후 융기하면 새로운 해안단구 면이 된다.

경북 동해안은 우리나라 평균 강수량보다 비가 적게 내리는 지역이고 태백산맥이 해안까지 뻗어있어 동해로 흐르는 하천은 길이도 짧고 유역 면적도 좁다. 해안가에 계단 모양으로 발달한 해안단구에는 대부분 작은 하천이 흐르기 때문에 논농사에 필요한 농업용수를

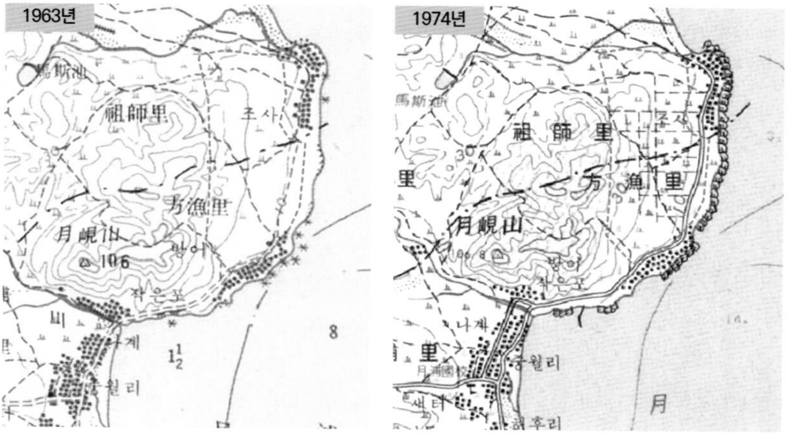

26 조사리 해안단구의 시대별 토지 이용 변화. 1963년 논이 별로 없었는데, 1974년에는 논 면적이 많이 증가했다.

확보하기 어렵다. 조사리 해안단구는 지도에 표시된 하천이 없어 논농사를 짓기는 거의 불가능하다. 논이 펼쳐진 현재의 모습은 1970년대 수리시설이 건설되고, 바둑판 형태의 경지정리가 이루어진 이후의 토지 이용 경관이다.

사람이 지형을 이용하는 것도 시대 변화에 따라 달라진다는 사실을 조사리 해안단구의 토지 이용 변화를 통해 알 수 있다. 위 지도를 통해 조사리 해안단구가 1960년대까지는 논이 거의 없다가, 1970년대 지도에는 경지정리 된 논으로 이용되고 있음을 알 수 있다. 1960년대와 달리 1970년대 지도의 바닷가에 표시된 것은 파식대, 시스택 같은 바위로 이루어진 암석해안이라는 사실을 나타낸 기호다.

원각조사 관련 전설을 간직한 수용암과 용치바위

조사리라는 마을 이름은 조선시대 큰 스님이었던 원각조사가 태어난 곳이라 조사리가 되었다. 큰 바위나 나무 같은 지형지물이 신앙이나 전설의 대상이 된 사례는 전국 곳곳에서 찾아볼 수 있는데, 조사리에서는 해안에 발달한 침식지형이 전설의 소재가 되었다. 바로 수용암(수컷 용 바위)과 암용암(암컷 용 바위) 그리고 용치 바위(용 부부가 바위에 뚫은 구멍)

곶에 자리한 조사리는 동해의 강한 파랑의 침식을 받아 바닷가에 파식대, 시스택, 파식구 등 해안침식 지형이 잘 발달했다. 이런 해안침식 지형 중 내연산에서 발원한 광천이 동해와 만나는 조사리 해안에 수용암과 암용암, 용치바위가 자리해 있다.

수용암은 신생대 고 제3기의 화산암이 파랑의 침식을 견디고 바닷가에 솟아있는 시스택 지형이다. 포항시의 안내판에 '속세의 이름이 마흘이었던 원각조사는 용의 자식이었는데 인간 세계를 교화시키기 위해 하느님이 인간 세상에 태어나게 하였다. 용 부부가 조사리 정덕 부인에게서 태어난 마흘(摩訖=원각조 이름)이 자기 자식인 줄 알고 데리러 왔다가, 날이 밝아져 하늘로 오르지 못하고 바위로 변해 수용암과 암용암이 되었다'라고 쓰여 있다. 암용암은 해안도로 건설로 파괴되었고, 수용암도 시멘트로 포장된 해안 도로변에 자리해 원래의 모습이 크게 훼손되었다.

수용암은 높이 1.5m, 길이 8m 정도 되는 시스택 지형으로 바위 표면에 벌레가 파먹은 것 같은 구멍들이 곳곳에 뚫려 있다. 수용암 표면의 많은 구멍은 타포니이다.

27 시멘트로 포장돼 바다와 분리된 수용암(시스택). 수용암 표면에 벌레가 파먹은 것 같은 타포니(Tafoni)가 발달했다.

화산암의 약한 부분(단층, 절리)을 따라 파랑의 침식으로 파인 규모가 큰 파식구가 용치바위다. 파식구의 안쪽이 넓고 입구인 바다 쪽이 좁은 항아리 형태의 지형 구조라, 용치바위로 큰 파도가 밀려오면 물기둥이 솟구쳐 오른다.

인간 세계에 마흘로 태어난 자식을 찾으러 왔던 용 부부가 육지로 올라가기 위해 바위에 뚫은 구멍이라고 해서 용치바위라고 한다. 용치바위에 파도가 치는 날이면 “내 새끼야”하고 울부짖는 암용의 애달픈 소리가 들린다고 한다.

28 파랑의 침식이 만든 용치바위. 파식대의 바위가 갈라진 부분을 따라 파도가 깎아 형성된 파식구다.

곶에 자리한 조사리~방어리 해안에는 넓은 파식대와 수중 암초가 발달해 해조류와 어패류가 서식할 수 있는 환경이 되었고, 덕분에 스킨스쿠버와 해산물을 채취하는 해루질이 가능하다. 조사리 항에 가면 스킨스쿠버 동호인들을 볼 수 있다. 파식대와 시스택은 경북 동해안 어촌의 중요한 어장이자 관광자원이다.

29 방어리 해안의 넓은 파식대. 수중에도 사진과 같은 암초 지대가 발달해 있다.

■ 파식대와 물속 바위는 산이고 해조류는 숲이다

포항MBC 〈시시콜콜택시〉

30 자연 어초(물고기 집)인 수중 암초(짬). 방어리 해안의 넓은 파식대 앞 물속에는 짬으로 불리는 수중 암초가 발달해, 다양한 해양 생물이 서식하고 있고 스킨스쿠버의 명소를 이룬다.

수심이 깊어 해병 상륙 훈련장이 된 조사리간이해수욕장

곶에 자리한 조사리와 방석리 사이의 작은 만에 조사리간이해수욕장이 자리해 있다. 해안에서 파랑에너지가 집중하는 곳은 침식작용이, 파랑에너지가 약해지는 만에는 퇴적작용이 활발하다. 우리가 해수욕장으로 이용하는 지형인 자갈해안이나 모래해안 모두 만에 형성된 해안 퇴적지형이다. 조사리간이해수욕장은 자갈이 퇴적되어 형성된 대표적인 자갈해안으로, 경상도 사투리로 몽돌 해안이다.

이곳의 자갈은 어디서 공급되었을까? 조사리간이해수욕장의 남쪽에서 동해로 흘러드는 광천이 내연산의 화산암 자갈을 실어 온 것이다. 내연산은 응회암이라고 부르는 중생대 화산암이 분포하는데, 풍화와 침식에 매우 강한 암석이라, 내연산처럼 험준하고 경치가 아름다운 돌산을 이룬다. 내연산에서 공급된 돌을 광천이 운반해와 조사리와 방석리 사이의 만에 퇴적된 것이 현재의 조사리간이해수욕장이

31 조사리간이해수욕장의 지형 구조. 곶에 자리한 방석리 마을 뒤편 봉화산 전망대에서 촬영하였다.

다. 조사리간이해수욕장과 배후의 들판도 원래는 바다(만)였는데 광천이 운반해온 토사와 자갈에 의해 만이 메꾸어져 현재의 모습이 된 것이다.

조사리간이해수욕장의 배후에는 해풍으로부터 농경지를 보호하기 위해 방풍림이 조성되어 있고, 논농사 지대가 펼쳐진 들판으로 이어진다. 그러나 조사리간이해수욕장 배후 들판도 원래는 해수욕장으로 이어지는 자갈밭이었다. 자갈이 두껍게 쌓인 해수욕장 배후의 들판(붉은색 점선)은 1960년대까지만 해도 버려진 황무지라, 지도에 논(ㅛ), 밭(ㅣㅣ) 표시가 없다. 자갈이 두껍게 쌓여있어 농경지로 이용할 수 없었던 황무지를 1970년대 해병사단 공병대의 중장비 지원을 받아 다른 곳의 흙을 운반해 메꿔서 현재와 같은 논농사가 가능해졌다고 한다. 농사를 지을 수 있는 땅으로 바뀌고 농경이 가능해지자, 해풍으로부터 농작물을 보호하기 위해 척박한 땅에서도 잘 자라는 소나무로 방풍림도 조성했다. 현재도 비가 많이 내리면 해안에 퇴적된 자갈이 광천의 불어난 물을 막

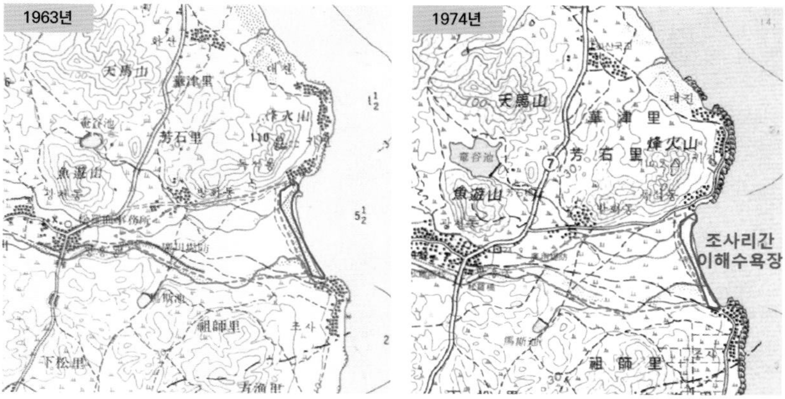

32 조사리간이해수욕장 배후 들판의 변화 모습. 자갈이 퇴적된 황무지에 흙을 부어 논을 조성했다.

아 논이 물에 잠긴다고 한다. 역사적 사실이든 지리적 사실이든 현재 우리가 보는 모습이 전부가 아니라는 사실에 유의해야 한다. 우리가 보는 지표 경관(지형)이 과거에도 현재와 같았을 거란 고정 관념이 역사 해석에 큰 오류를 낳기도 한다.

자갈해안(몽돌해안)인 조사리간이해수욕장에서 해병대의 상륙 훈련을 하는 이유도 지형적인 이유가 있을까? 조사리간이해수욕장은 퇴적지형이지만 상륙정이 해안 가까이 접근할 수 있을 만큼 수심이 깊다. 모래보다 입자가 굵은 자갈해안은 입자가 훨씬 고운 모래 해안보다 경사가 급하고 수심이 깊다. 자갈해안보다 입자가 고운 모래해안은 경사가 완만하고 해변에서 상당한 거리의 바다까지 수심이 얕아 해수욕장으로는 적합하지만, 상륙 훈련장으로 이용하기 어렵다.

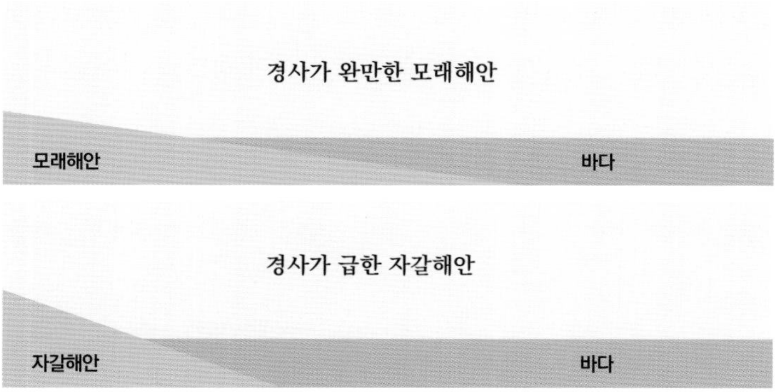

33 자갈해안과 모래해안 단면도. 입자가 굵은 물질일수록 퇴적될 때 경사가 급한 해안을 이룬다.

또한, 방석리 뒤에 망루(초소)처럼 우뚝 솟아있는 봉화산에서 상륙 훈련 상황을 조망할 수 있는 지형적인 조건도 이곳에서 해병대의 잦은 상륙 훈련이 이루어지는 지리적인 배경이다. 조사리간이해수욕장 북쪽에 자리한 송라면 화진해수욕장은 모래해안이라 경사가 완만하고 수심이 얕아 상륙훈련지로는 적합하지 못하다.

34 해병대 상륙 훈련 모습(사진제공. 박하서)

서정천과 청하천이 흘러드는 월포만

북쪽 월현산과 남쪽 용산 사이에 자리한 월포만은 포항시 북구 동해안에서는 상대적으로 규모가 큰 만이다. 월포만의 배후에는 중생대 퇴적암이 분포하는 태백산맥과 신생대 고 제3기 화산암이 분포하는 해안의 산지 사이에 청하 분지가 자리해 있다. 태백산맥이 해안까지 뻗어, 넓은 평야가 거의 없는 경북 동해안에서 상대적으로 규모가 큰 청하 분지는 풍화와 침식에 약한 신생대 제3기 연일층군 퇴적암의 차별침식으로 형성되었다. 청하 분지의 남쪽을 흐르는 서정천과 북쪽을 흐르는 청하천은 월포만에서 동해로 흘러든다. 서정천과 청하천이 운반한 토사가 월포만에 퇴적되어, 모래 해안인 월포해수욕장이 만들어졌다.

35 월포만의 지형. 서정천과 청하천이 운반한 토사가 퇴적되어 월포해수욕장의 백사장이 형성되었다.

포항시의 대표 해수욕장, 월포 모래해안

청하 분지를 흐르는 두 하천에 의해 운반된 자갈과 모래로 형성된 월포해수욕장은 경상북도 포항시 북구 청하면 월포리에 위치하며, 백사장의 길이 1.8km, 폭 25m에 달하는 규모로 포항시 북구의 대표적인 해수욕장 중 하나이다.

36 월포해수욕장 전경

곶에 비해 파랑에너지가 약한 만에는 퇴적작용이 활발해 해빈(海濱, Beach)이 형성된다. 해빈(모래, 자갈)은 해안에 퇴적작용으로 형성된 지형을 의미하며, 대부분 해수욕장으로 이용된다. 우리나라 동해안에 분포하는 해빈은 대부분 육지에서 동해로 흘러드는 하천에 의해 운반된 물질이 퇴적되어 형성되기 때문에, 하천이 운반하는 물질의 종류와 양에 따라 해수욕장의 규모와 해빈의 물질에 따라 굵은 모래냐 고운 모래냐 자갈이냐가 결정된다.

월포만처럼 하천이 운반하는 토사의 양이 상대적으로 많은 경우에는 큰 규모의 해빈이 형성된다. 하천이 운반한 토사는 파랑이 해변으로 밀어붙이기 때문에 먼바다로 나가지 못하고 해변에 쌓인다. 해안과 평행하게 흐르는 연안류가 해변에 쌓인 토사를 해변 이곳저곳으로 운반해 해안을 따라 길게 해빈이 형성된다.

다음 사진은 서정천이 동해와 만나는 하구 부근에서 월포해수욕장을 촬영한 사진이다. 소나무가 있는 곳은 모래가 퇴적되어 있으나, 바닷물이 드나드는 곳은 모래 위에 자갈이 퇴적되고 있다.

이 상태로 자갈이 모래보다 많이 퇴적된다면 월포해수욕장은 자갈 해수욕장으로 이름을 바꿔야 하지 않을까? 모래에서 자갈 해수욕장으로의 퇴적물 변화는 서정천과 청하천이 운반하는 물질이 과거와 달라졌음을 의미한다. 서정천과 청하천의 운반물질이 달라진 원인을 찾아내고 분석해야, 자갈이 모래보다 더 많이 퇴적되는 문제를 해결할 수 있을 것으로 보인다. 2015년 태풍으로 인한 큰 파도가 월포의 모래해안을 파괴해 자갈이 드러났다고 하는데, 서정천과 청하천의 모래 공급량이 줄어 월포해수욕장이 자갈해안으로 변하고 있는 것으로 추정된다.

37 모래해안에서 자갈해안으로 변하고 있는 월포해수욕장

월포해수욕장으로 공급되는 모래는 청하 분지를 이루는 신생대 제3기 연일층군의 사암이 풍화되면서 주로 공급되고, 자갈은 태백산맥에 분포하는 중생대 백악기 경상계 퇴적암이 풍화되면서 공급되는 것으로 추정된다. 청하천과 서정천 상류 여러 곳에 큰 저수지가 축조됨으로써 바다로 공급되어야 할 토사가 저수지에 막혀, 두 하천의 모래 공급이 줄어든 것도 원인 중 하나로 보인다. 또한 서정천과 청하천 유로에 세워진 보(洑)가 하류로 흘러가는 모래를 가두기 때문에 두 하천의 모래 공급량이 줄어들었을 것으로 생각된다. 최근 모래해안이 많은 강원도 지역에서 해안침식이 많이 보고되고 있는데, 논에 물을 대기 위해 하천 유로를 막은 보와 저수지가 모래 공급에 문제를 일으키는 주요 원인으로 꼽힌다. 보에 모래가 가득 차면 준설을 하면서 하류로 보내지 않고 건설자재로 이용함으로써 바다로 공급되는 모래가 줄어들게 된다. 모래해안에 잘못 설치된 옹벽과 도로 또한 해안침식을 일으키는 주요 원인이다.

고인돌이 자리한 용산(龍山)

월포해수욕장 남쪽에 자리한 용산은 해발 190.1m로 능선과 산 사면에는 바위가 노출된 돌산을 이루고 있다. 용산이 돌산을 이루는 이유는 풍화와 침식에 강한 신생대 고 제3기의 화산암이 분포하기 때문이다. 풍화와 침식에 약한 신생대 제3기 층은 청하면 소재지가 자리할 정도로 넓은 분지를 이루고 있어 신생대 고 제3기 화산암과 뚜렷하게 구별된다. 용산은 200m 이하의 낮은 산이지만 청하 분지 주변의 신생대 제3기 층이 분포하는, 경사가 완만하고 고도가 낮은 구릉에 비해 상대적으로 높아, 암석 차에 따라 지형이 달라진다는 사실을 확연히 알 수 있다.

암석이 풍화돼 토양층이 두껍게 덮여있는 산에는 참나무류의 활엽수가 주로 자라는 흙산을 이루지만, 용산처럼 풍화에 강해 바위가 노출된 척박한 돌산에는 소나무가 주로 자란다.

풍화와 침식에 강한 화산암이 분포하는 용산은 돌산을 이루고 있다.

38 바위가 노출된 돌산을 이루는 용산

포스코 월포수련원 주차장에서 용산 등산로를 따라 올라가다 보면, 경사가 상대적으로 완만한 용산 기슭에 거대한 고인돌이 자리해 있다. 청동기시대 지배자의 무덤으로 알려진 고인돌은 무게 수십 톤이 넘는 큰 돌로 조성되었고, 포항시 기계면 지역에는 대규모 무리를 이루고 있다. 용산 기슭의 완만한 사면에 놓여 있는 고인돌은 신생대 고 제3기 화산암이고, 거대한 덮개돌 아래 고임돌이 놓여 있어 고인돌로 추정된다. 용산을 이루는 화산암은 지표로 분출한 화산분출물이 빠르게 식는 과정에서 절리가 잘 형성되고, 절리를 따라 큰 바위 같은 돌덩어리가 풍화로 떨어져 나온다. 고대인들도 이런 절리를 이용해 고인돌 조성에 필요한 돌을 채취했을 것으로 추정된다. 다만 떡돌로 불리는 신생대 제3기 연일층군의 퇴적암은 너무 무르기 때문에 고인돌을 조성할 수 없다. 고인돌 옆에는 포항시에서 세운 고인돌 안내판도 있다.

39 용산 동쪽 기슭에 자리한 고인돌. 떡돌(신생대 신 제3기 퇴적암)은 부서지기 때문에 고인돌을 제작할 수 없다.

용산 기슭에 고인돌 조성이 가능했던 것은 월포해수욕장 배후에 자리한 청하 분지의 토지생산력 덕으로 추정된다. 고인돌을 통해, 고대부터 청하 분지가 경북 동해안에서는 토지생산력이 상대적으로 큰 지역이었음을 알 수 있다.

중장비도 없던 고대에 수십 톤짜리 고인돌을 조성하려면 많은 노동력이 필요하다. 고인돌을 만들 정도로 많은 사람이 모여 살 수 있는 넓은 들판과 농업생산력 그리고 용산의 화산암이 없었다면 고인돌은 만들어질 수 없다.

다양한 스토리텔링이 가능한 이가리

이가리 포구가 자리한 만과 월포해수욕장이 자리한 월포만 사이의 해안에 최근 새로 세워진 이가리 닻 전망대는 많은 사람이 찾는 명소가 되었다. 이가리 닻 전망대 남쪽의 작은 만에는 모래가 퇴적되어 형성된 이가리간이해수욕장이 자리해 있고, 닻 전망대에서 조경대에 이르는 북쪽 해안의 곶에는 신생대 고 제3기 화산암이 강한 파랑의 침식으로 형성된 파식대, 작은 만에 자갈과 모래가 퇴적된 해안이 자리해 있다. 닻 전망대가 자리한 파식대는 파랑의 침식을 견디고 남은 큰 바위가 바닷가에 널려 있는 울퉁불퉁한 해안을 이루고 있다. 파식대의 많은 바위 중 그 형태가 거북을 닮았다는 거북바위가 많이 알려

40 이가리 해안에서 만날 수 있는 다양한 해안지형

져 있다. 파식대와 해안의 큰 바위 표면에는 벌레가 파먹은 구멍처럼 생긴 타포니 지형도 곳곳에 발달했다.

월포해수욕장 남쪽, 곶에 자리한 조경대는 수직절리가 발달한 신생대 고 제3기 화산암이 파랑의 침식작용으로 형성된 절벽인 해식애가 절경을 이루고 있다. 또한 이가리간이해수욕장에서 조경대에 이르는 해안의 배후에는 해안단구가 자리해 있고, 해안단구 면에는 해안의 모래가 바람에 날려와 쌓여 형성된 해안사구가 발달했다. 이가리 포구에서 조경대에 이르는 1km 남짓 되는 해안에서 해안 침식지형과 퇴적지형, 타포니와 같은 풍화 지형 등 다양한 해안 지형을 만날 수 있다.

이가리 암석해안의 지형

이가리 닻 전망대에 서면 발아래에 큰 바위가 흩어져있는 특이한 해안을 볼 수 있다. 큰 바위가 흩어져있는 해안은 어떻게 형성됐을까? 육지가 바다로 돌출한 곳에 자리한 이가리 암석해안은 풍화와 침식에 강한 신생대 고 제3기 화산암이 분포한다. 화산암은 신생대 연일층군의 퇴적암과 달리 침식에 강한 암석이다. 다양한 화산분출물이 퇴적되어 형성된 화산암은 침식에 강한 단단한 물질과 침식에 약한 물질이 혼합돼 있어, 파랑의 침식작용을 받으면 약한 부분과 단단한 부분의 침식속도가 다르다. 약한 부분은 파랑에 의해 빠르게 침식되지만, 단단한 부분은 침식이 느리게 진행되어 바위로 남게 된다. 이런 화산암의 구조적인 특징 때문에 평평한 파식대를 이루지 못하고 크고 작은 바위가 파식대 곳곳에 남아있는 울퉁불퉁한 해안을 형성하게 된 것이다. 화산암 중에서도 침식에 강한 부분들이 거북바위를 비롯해 집채만한 큰 바위를 이루고 있다. 이가리 해안에 풍화와 침식에 약한 신생대 제3기 연일층군의 퇴적암이 분포했다면 현재의 바위가 많은 울퉁불퉁한 해안이 아니라 평탄한 해안이 형성되었을 것이다.

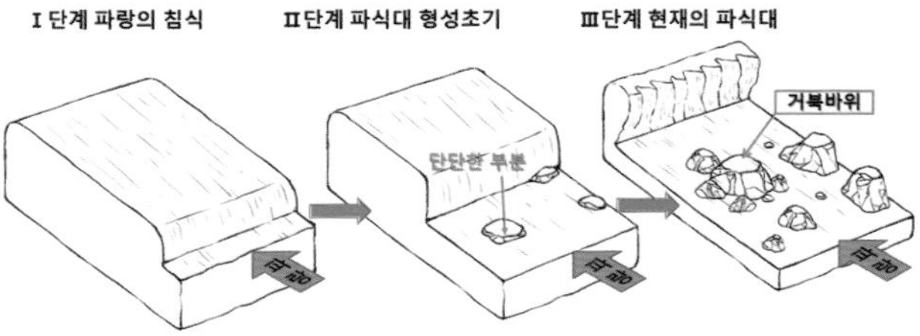

41 이가리 해안의 파식대 형성과정

화산암은 단단한 부분과 상대적으로 약한 부분이 뒤섞여있는 암석이라 차별침식으로 단단한 부분이 해안 곳곳에 큰 바위로 남아 울퉁불퉁한 거친 파식대를 이루게 되었다.

42 이가리 닻 전망대와 바위가 많은 파식대. 이가리 해안은 화산암의 단단한 부분이 파랑의 침식과정에서 남아 바위가 많은 울퉁불퉁한 해안이 되었다.

거북바위는 시스택이다!

이가리 암석해안의 파식대 위에는 파랑의 침식을 견디고 남아 시스택을 이루고 있는 바위가 모여 닻 전망대에서 보면 거북 모양을 이루고 있는데, 거북바위라고 부른다. 거북바위는 해안 침식지형 중 시스택에 해당한다. 닻 전망대 안내판에 '거북이는 우리 민족에게 장수와 재물을 가져다주는 상서로운 동물로 알려져 있으며, 바다 한가운데 우뚝 솟은 거북바위는 용왕님을 만나러 바다로 들어가는 형상을 하고 있다'라고 쓰여있다. 해안침식 지형이 발달한 암석해안에 등장하는 기암괴석은 형태에 따라 이름이 붙고, 신화 전설이 덧붙여지는 사례가 많다. 이가리 해안의 시스택 지형도 거북바위라는 이름이 붙었다.

43 거북바위. 파랑의 침식작용으로 울퉁불퉁한 화산암 파식대가 형성되는 과정에서 단단한 부분이 거북이 모양의 시스택을 이루고 있다.

파랑과 자갈이 만든 구멍 마린포트홀

이가리 암석해안의 울퉁불퉁한 파식대 표면에 기묘한 형태의 구멍이 파여 있다. 마린포트홀로 불리는 이 지형은, 파랑의 침식으로 단단한 화산암이 깍여 파식대가 형성되는 과정에서 바위의 약한 부분이 파랑에 떠밀려온 자갈이 바위를 갈아서 형성되었다. 파랑과 자갈이 힘을 합쳐 바위 표면에 구멍이 만들어지는 지형형성 작용은 하천에서도 이루어져, 구멍이 파이는데 이때는 포트홀이라고 한다. 마린(marine, 바다) 포트홀은 바닷물과 자갈이 연합해 만든 구멍이라는 의미다. 이런 마린 포트홀은 침식에 약하고 잘 부스러지는 암석보다, 침식에 강하고 단단한 암석에서 기하학적인 아름다운 형태의 포트홀이 형성된다. 다음 사진의 포트홀이 발달한 부분은 화산암 중에서도 침식에 상대적으로 강한 부분이다.

44 파식대 바위 표면의 마린포트홀

벌레가 판 구멍 모양의 타포니 지형

이가리 암석해안에 분포하는 중생대 화산암은 입자 크기가 서로 다른 화산분출물이 쌓여 형성된 암석이라, 암석조직이 거칠어 상대적으로 수분이 잘 스며드는 암석이다. 염분이 들어 있는 바닷물이 화산암에 스며들고 수분만 증발하는 작용이 오랜 세월 반복되면 화산암 조직 속에 소금 결정이 성장해 암석을 파괴한다.

이가리 암석해안의 큰 바위 표면에는 소금 결정의 풍화작용으로 형성된 각양각색의 타포니가 발달했다. 보는 사람의 시각에 따라 다양한 모양으로 표현할 수 있겠지만, 이 책에서는 필자의 눈에 보이는 대로 타포니에 이름을 붙여 봤다.

45 공룡 머리 모양의 타포니

사진 45의 바위는 이가리 전망대에서 조경대를 거쳐 월포해수욕장으로 이어지는 해파랑길 바로 옆 바위에 발달한 타포니다. 타포니가 발달한 바위의 모습이 입을 벌리고 고개를 숙인 공룡의 머리 모양을 닮았다. 표면이 매우 거친 암석인 화산암이 두껍고 울퉁불퉁한 피부를 가졌던 공룡과 유사한 점도 흥미롭다.

46 스머프의 집(Smurf's House)

사진 46의 바위는 공룡 머리 모양의 타포니 바로 앞에 자리한다. 보는 방향에 따라 버섯이나, 혹은 초가집 모양 같기도 하다. 제시된 사진의 방향에서 바라보면 1981년 텔레비전용 에니메이션 시리즈로 제작되어 우리나라에서 인기리에 방영되었던, 개구쟁이 스머프가 살던 버섯 형태의 집처럼 보인다. 일명 스머프 하우스!

47 동굴형 타포니

사진 47의 타포니는 작지만 한 사람이 들어가 앉아 비를 피할 수 있을 정도의 동굴을 이루고 있어, 동굴형 타포니라고 이름 지었다.

조경대(釣鯨臺)는 해식애다

포항시의 안내판에 '원래는 물이 맑아 거울 같다는 뜻의 조경대(照鏡臺)였는데, 조선 인조 때 청하에 귀양살이를 했던 유숙(柳潚)이 이곳에서 놀고 있을 때, 마침 바다에서 고래잡이를 하는 모습을 구경하고는 '고래를 낚는다'는 뜻의 조경대(釣鯨臺)라 바꿔 부르게 되었다고 한다. 조선조 화단의 대표 화가 중 한 사람인 겸재 정선이 청하 현감으로 1년간 이 지역에 머무를 때 주변 풍광에 빠져 자주 그림을 그린 곳으로 알려져 있다'라고 쓰여 있다.

48 조경대의 해안 침식지형

조경대 사진을 통해, 조경대로 불린 해안 절벽인 해식애가 자갈해안과 월포해수욕장 사이의 곶에 자리해 있음을 알 수 있다. 해식애 앞에 평평한 바위가 파랑의 침식으로 형성된 파식대이고, 파식대 끝 바닷속에 솟아있는 바위가 시스택이다.

조경대라 불리는 해식애가 자리한 해안은 현재 시스택이 자리한 곳의 앞바다까지가 원래 해안선이었는데, 오랜 세월에 걸친 파랑의 침식작용을 받아 해식애가 있는 현재 위치까지 후퇴했고, 그 과정에서 시스택과 파식대가 형성되었다. 해식애는 파랑의 침식작용이 집중하는 곳에 잘 발달하며 파랑의 침식으로 후퇴하는 과정에서 시스택과 파식대를 남긴다.

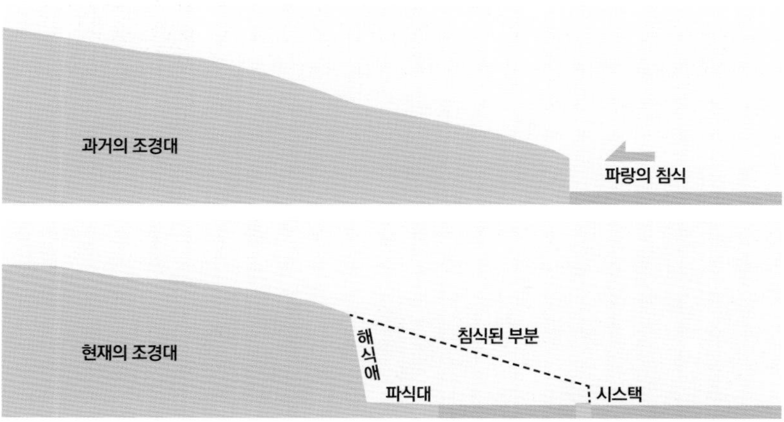

49 조경대의 해안 침식지형 형성과정

이가리 해안의 사구

닻 전망대가 있는 이가리 해안은 곶에 해당하는 자리라 강한 파랑의 침식을 받아 경사가 가파른 해안을 이루고 있다. 급경사의 해안 절벽 윗부분은 닻 전망대 주차장이 있고, 20번 지방도로가 지나는 완만한 경사의 구릉이 북쪽 해안을 따라 조경대까지 자리해 있다. 소나무 숲이 있는 구릉이 바람에 날려 온 모래가 쌓여 형성된 이가리 해안사구다.

50 이가리 닻 전망대 주변의 해안사구. 급경사를 이루는 이가리 해안가의 소나무 숲이 있는 구릉이 이가리 해안사구다.

이가리간이해수욕장과 닻 전망대 주차장이 자리한 완만한 구릉과는 대략 20m 이상의 비고 차가 있는데도, 동해의 강한 바닷바람이 해안의 모래를 날려 사구가 형성되었다. 닻 전망대 주차장을 만들기 위해 소나무가 자라는 완만한 구릉을 파내는 과정에서 사구의 모래

51 닻 전망대 주차장의 사구단면

퇴적층이 노출되어 사구라는 사실을 알 수 있다.

모래로 이루어진 사구는 빗물이 바로 배수돼 수분이 부족하고, 모래만 쌓인 풍적(風積) 층이라 유기물 같은 영양분이 부족해 식물이 살아가기에 불리한 환경이다. 결국 척박한 사구에서도 살아갈 수 있는 소나무 숲이 조성됐다.

이가리 닻 전망대 주차장과 주변의 완만한 구릉은 이가리간이해수욕장과 조경대 옆 자갈해안에서 바람에 날려온 모래가 쌓인 사구다.

주상절리와 나무화석의 전시장 오도리

오도리의 지형은 북쪽의 곶과 오도리 선착장이 자리한 남쪽의 곶 그리고 그사이에 오도리간이해수욕장이 자리한 만이 있다. 북쪽 곶의 앞바다에는 작도라는 작은 바위섬이 있고, 남쪽 오도리 선착장 앞바다에는 4개의 바위로 이루어진 오도가 있다. 퇴적작용이 활발한 만에는 모래로 된 오도리간이해수욕장이, 남쪽과 북쪽의 곶에는 해안 침식지형인 시스택, 파식대, 해식애 지형이 발달했다. 북쪽 곶의 해식애와 파식대에는 나무가 화석이 된 규화목(퇴적암류)이 있고, 해식애의 단면에는 퇴적암류의 사암층과 응회암층이 뚜렷한 경계를 이루고 있다.

52 오도리 해안의 지형경관. 침식작용이 활발한 남쪽과 북쪽의 곶은 침식지형, 만에는 퇴적지형이 발달했다.

사진제공. 김석용

오도리(烏島里)라는 마을 이름은 오도리 선착장 앞에 자리한 4개의 바위 섬으로 이루어진 오도에서 유래되었다. 오도는 검은 섬이라는 뜻인데, 섬을 구성하는 4개의 검은 바위에서 지명이 유래된 것으로 보인다. 조선 후기 최승우(1770~1841)가 오도에 대해 읊은 시를 보자. '강 고을에서 파직되어 말 머리 동쪽으로 돌리고, 바다의 구름 속에서 섬 찾아 나섰네. 멀리서 보니 까마귀 무리 모인 듯하고, 가까이 보니 기이한 바위 모였음을 알겠네'라고 서술되어 있다. 오도가 조선시대부터 까마귀 무리가 모인 것 같은 검은색의 기이한 바위섬으로 알려져 있었음을 알 수 있다. 마을 앞에 있는 오도는 시스택이라는 해안침식 지형으로, 특이한 모양의 지형지물에서 마을 이름이 유래된 사례이다.

주상절리가 발달한 검은 바위섬 오도(烏島)

곶에 자리한 오도리 포구 앞에는 4개의 큰 바위섬인 오도가 자리해 있다. 오도는 파랑의 침식으로 해안선이 후퇴하는 과정에서 침식을 견디고 남아있는 시스택이라는 해안침식지형이다. 오도는 신생대 고 제3기의 화산분출물이 굳어서 형성된 화산암에, 기둥 모양의 주상절리(柱狀節理, columnar joint)가 발달했다. 주상절리는 현무암이 지표에서 빠르게 냉각될 때 잘 형성되는 지형으로, 안산암, 유문암, 화산분출물이 굳어서 형성된 용결(결정)응회암 같은 화산암에서도 형성된다. 오도는 화산분출물이 굳어서 형성된 화산암에 발달한 주상절리로 추정된다. 오도는 기둥 형태로 서 있는 수직 주상절리보다 북동에서 남서 방향으로 경사진 주상절리가 대부분이고, 특이하게 장작

53 4개의 바위섬으로 구성된 오도 전경. 오도는 전체적인 모양이 고래의 꼬리 모양이다.

을 쌓아 놓은 것처럼, 누워있는 수평 주상절리도 발달했다.

오도와 오도리 해안은 어떻게 형성되었을까? 해안선이 단조롭고 파도를 막아주는 섬과 반도가 없는 동해안은 파랑의 침식작용이 매우 활발해, 해안선이 육지 쪽으로 후퇴한다. 후퇴 과정에서 곶에는 침식지형인 해식애, 파식대, 시스택이 형성되고, 만에는 모래, 자갈이 퇴적된다. 오도에 분포하는 화산암은 화산분출물이 쌓여 굳어진 응회암보다 암석조직이 치밀하고 단단한 암석이라, 냉각될 때 주상절리가 형성된 것이다. 아래 그림에서 오도리 선착장 주변의 파식대는 오도의 화산암보다 상대적으로 침식에 약한 응회암이라, 주상절리를 이룬 오도의 화산암보다 먼저 침식돼 평평한 파식대가 되었지만, 상대적으로 파랑의 침식에 강한 오도의 화산암은 바위섬으로 남아 시스택이 됐다.

54 오도리 해안의 지형형성. 오도리 해안에 분포하는 현재의 해안 지형을 통해 유추한 지형형성 작용이다.

55 오도 주상절리가 늘어선 방향. 오도가 육지와 분리되어 바위섬이 된 열쇠를 쥐고 있는 지각운동의 작용을 보여준다.

오도가 오도리 선착장이 있는 곳과 연결되어 있었다는 사실은 오도와 선착장 사이에 육지 쪽으로 길게 뻗은 수중 암초의 존재를 통해 알 수 있다. 수중 암초는 원래 오도와 육지를 연결하던 좁고 긴 바위였는데 파랑에 의해 침식돼 낮아져 수중 암초로 흔적이 남아있다. 마치 사람의 목처럼 가늘고 길게 오도와 이어지는 지점에 자리한 오도 1리는 도항(島項=섬 목) 마을이라 하였다. 방파제가 세워지기 전에는 오도에서 이어지는 수중 암초와 연결된 파식대가 있었을 것으로 보이며, 방파제도 파식대에 의지해 세웠을 것으로 추정된다.

오도를 이루는 4개의 바위섬은 북서-남동 방향으로 일렬로 늘어서 있고, 오도리 해안 파식대 표면에도 이 방향의 단열이 잘 발달해 있다. 북동-남서 방향의 단열을 따라 진행된 파랑의 차별 침식작용으로 오도는 육지와 분리되어 바위섬이 된 것으로 보인다. 이 주장은 지형학자인 필자 개인적인 견해임을 분명히 밝혀 둔다.

까마귀처럼 검은 바위로 이루어진 오도의 경관으로, 4개의 바위 섬 중 남쪽 등대가 자리한 섬의 한 부분이다. 옛 선비와 시인 묵객들이 수많은 까마귀가 모여 있는 것 같다고 표현한 이유를 오도에 올라서

56 검은색 화산암 주상절리로 이루어진 오도. 검은섬 오도는 주상절리의 숲을 이루고 있다.

면 직관적으로 알 수 있다. 수많은 까마귀는 다양한 형태의 검은 기둥 모양의 주상절리를 시적으로 표현한 것으로 생각된다.

바위에 금이 간 것을 절리(joint)라고 한다. 주상절리는 절리의 형태가 나무 기둥 모양을 이루는 경우를 말한다. 주상절리는 뜨거운 용암이나 화산암(현무암, 안산암, 용결응회암 등)이 지표에서 빠르게 냉각될 때 부피가 줄어들며, 암석이 갈라져 형성된다. 주상절리는 진흙이 햇볕을 받아 건조될 때, 진흙 표면이 다각형으로 쩍쩍 갈라지는 것과 같은 원리로 형성된다.

주상절리의 단면은 흔히 육각형으로 알고 있지만, 사실은 다각형(사각, 오각형 등)이다. 뜨거운 용암과 화산암이 빠르게 냉각될 때, 하나의 점을 중심으로 부피가 줄어들기 때문에, 다각형의 기둥 모양을 이루는 주상절리가 형성된다. 벌이 벌집을 육각형으로 짓는 것처럼 자연 상태에서 공간을 빈틈없이 나눌 수 있는 구조가 육각형이라고 한다. 분출한 용암이 냉각 작용으로 부피가 감소하고 주상절리가 형성되는 과정에도 육각형의 벌집을 만든 것 같은 자연의 어떤 법칙이 작용한 것으로 추정된다.

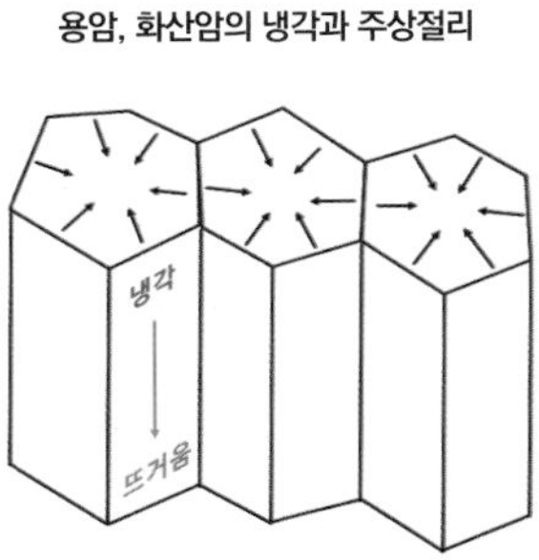

57 주상절리의 형성과 다각형 주상절리 단면. 주상절리는 용암과 화산암이 식을 때 부피가 수축해 형성된다.

58 오도의 다각형 주상절리 단면. 오도가 주상절리로 이루어진 섬이라는 강력한 증거 지형이다.

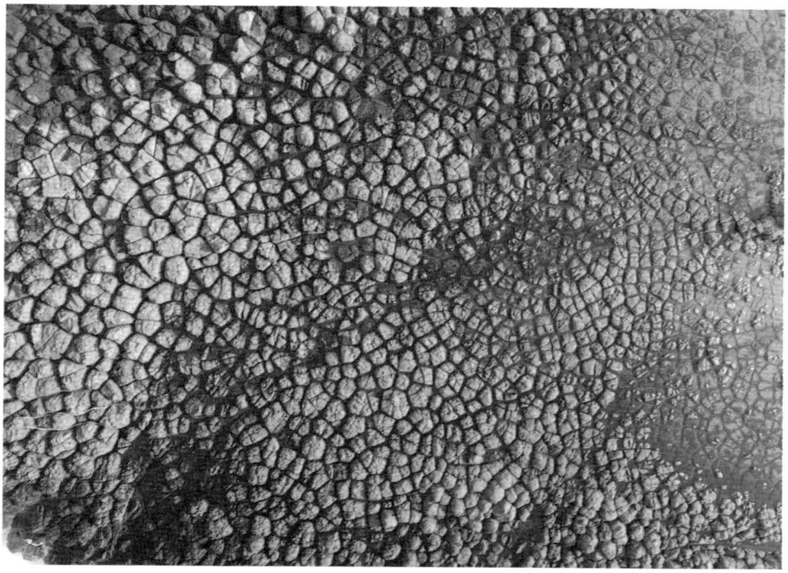

59 오도의 기하학적인 형태의 주상절리 단면. 파랑의 침식으로 노출된 주상절리 단면이 기하학적인 형태를 이루고 있다.

60 등대가 자리한 남쪽 섬의 주상절리

오도의 4개 바위섬 중 가장 남쪽 등대가 자리한 섬에 발달한 주상절리의 모습이다. 기둥 모양의 검은색 주상절리가 마치 등대를 보호하기 위해 감싸고 있는 듯한 모습이다. 등대 주변의 주상절리는 남동쪽으로 경사져 있다.

오도의 4개 바위섬 중 가장 남쪽의 등대가 자리한 바위섬의 주상절리 중에서도 장작을 쌓아 놓은 것 같은 모양으로 누워있는 수평 주상절리가 발달했다. 오도의 수평 주상절리는 풍화와 침식을 받아 검은 표면이 각진 기둥 모양이 아니라, 매우 부드러운 곡선 형태를 하고 있어, 마치 흑미(검은 쌀)로 빚은 가래떡을 쌓아 놓은 것처럼 보이기도 한다. 물론 완벽하게 수평은 아니지만, 일반적으로 기둥 모양의 절리가 서 있는 수직 주상절리와 상대적으로 다르다. 왜 누워있는 수평 주상절리가 발달하는지 정립된 지형형성 이론은 없다. 오도(검은 섬)라는 명칭은 주상절리를 이루는 화산암의 검은색에서 유래된 것이 확실해 보인다.

61 누워있는 수평 주상절리. 마치 검은 가래떡을 쌓아 놓은 것 같은 수평 주상절리다. 수직으로 서 있는 주상절리와 달리 보기 드문 지형이다.

나무화석과 각종 해안 침식지형이 발달한 파식대

오도리 선착장 북쪽의 DMZ 펜션이 자리한 곳에 파랑의 침식으로 형성된 해식애, 파식대, 시스택 지형이 발달했다. 해식애와 파식대 지층에서 나무화석인 규화목(硅化木)이 발견된다. 해식애의 정상에는 해병대 군사시설이 자리했고, 아래로는 오도2리로 이어지는 포항시 북구 해안의 트레킹 코스인 해파랑길(북파랑길)이 이어진다.

해식애는 파랑의 침식으로 형성된 해안절벽으로, 오도리 북쪽 해식애 앞에는 파랑의 침식으로 평평해진 넓은 파식대가 발달했고, 파식대 앞바다에는 바위로 이루어진 작도(鵲島)가 자리했다.

작도는 까치 작(鵲), 섬 도(島) 즉 우리말로는 까치섬으로, 해안선이 현재의 위치로 후퇴하는 과정에서 파랑의 침식을 견디고 남아있는 시스택이다.

62 규화목이 발견되는 오도리 북쪽 곶의 해안지형

오도리 북쪽 해안의 해식애는 퇴적암류가 분포하는데, 사암으로 된 지층 바로 아래 화산분출물이 굳어서 형성된 응회암층이 자리한다. 뚜렷이 구별되는 두 퇴적암층은 북북동 방향으로 경사를 이루며 접촉하고 있다. 이곳 해안은 해안 침식지형과 퇴적암의 층리, 나무화석을 공부할 수 있는 훌륭한 자연학습장이다.

63 해식애에 노출된 퇴적암층. 모래가 굳어서 형성된 사암층과 화산분출물이 굳어서 형성된 응회암층이 뚜렷하게 구분된다.

64 둥근 돌을 겹겹이 쌓아 놓은 것 같은 응회암층. 마치 용암이 물속에서 빠르게 식을 때 형성되는 베개 용암(Pillow Lava)과 유사하다.

규화목과 퇴적암층이 자리한 오도리 북쪽 해안의 해식애와 파식대에 분포하는 암석은 지질학자에 따라 중생대 백악기 경상계퇴적암, 또는 신생대 고 제3기 에오세의 화산활동으로 형성된 칠포응회암과 신생대 신 제3기 마이오세에 형성된 연일층군(포항분지의 떡돌) 사이에 형성된 암석이라는 주장도 있다. 오도리에 분포하는 암석의 지질시대는 암석 전문가인 지질학자들에게 맡겨두는 것이 옳다고 여겨진다.

해식애의 규화목과 눈향나무

규화목(Petrified wood)은 그리스에서 유래되었으며 "나무가 돌이 되었다."라는 뜻이다. 규화목은 나무와 식물 등이 화석화되어 나이테 등 나무의 생장 모습이 남아있는 특수한 유형의 화석으로 먼 지질시대의 자연환경을 알려주기도 한다. 유기물인 나무가 어떻게 돌이 되었을까? 나무가 퇴적층 속에 묻혀 산소가 차단되면 부패하지 않아 원래의 나무 상태를 유지하게 되고, 지하수에 녹아 흐르던 광물질이 나무의 조직을 이루는 리그닌과 셀룰로스를 대신해 나무 조직을 채우게 된다. 이런 물질의 치환(置換) 과정이 오랜 세월 지속되면 나무의 유기물은 점차 사라지고 광물질로 채워진다. 이러한 광물질 중 이산화규소(SiO2)의 양이 상대적으로 많아 규화목이라고 한다. 이산화규소 외에 철, 망간, 마그네슘 등의 광물이 많이 첨가되면 울긋불긋 다양한 색을 띠는 규화목 즉, 나무화석이 형성된다.

오도리 북쪽 곶에 자리한 해식애에 숯덩이처럼 보이는 검은 색의 나뭇가지와 나무 조각이 곳곳에 드러나 있다. 화석을 모르는 사람이 보면 해안에서 나무로 불을 피우고 남은 숯덩이로 착각할 정도로 숯덩이와 유사하다.

65 해식애에 있는 나뭇가지 화석. 나무를 구워 만든 숯처럼 검은 규화목이 해식애의 지층 속에 자리해 있다.

해식애에서 발견되는 나무화석 중 사진 66의 화석은 움직이는 생물 화석이라기보다는 규화목이 된 나무의 열매가 아닐까 생각된다. 사진으로 남겨 놓았지만, 이 해안에서 발견된 유일한 화석이라 자연적인 풍화와 침식, 사람에 의해 언제고 훼손될 위험에 노출되어 있어 보존 조치가 시급해 보인다. 지질학계의 심층 연구와 분석을 통해 화

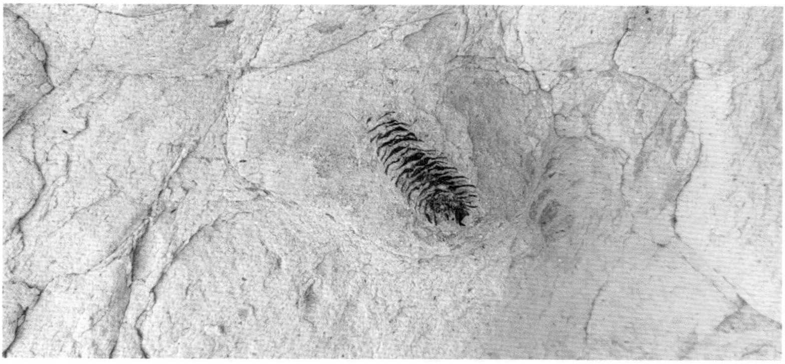

66 나무 열매로 추정되는 화석. 지질학자들의 충분한 연구로 어떤 화석인지 밝혀지길 바란다.

석화된 나무가 살았던 정확한 지질시대와 나무의 종류를 밝힐 수 있기를 희망한다.

해식애에서 발견되는 규화목 화석은 수십여 점이 넘으며, 다음 사진 같은 나뭇가지나, 작은 나무 조각들이 주로 발견된다. 화석을 품은 암석의 색깔이 회백색으로 밝은 편이라 숯덩이처럼 검은색을 띠는 규화목이 더 뚜렷하게 구분된다. 검은색의 규화목은 나뭇결(조직)

67 나뭇결이 선명한 규화목. 풍화와 파랑의 침식으로, 해식애의 암석 속에 있던 규화목이 떨어져 나와 해변에 흩어져있던 것을 수습한 것이다.

이 뚜렷하게 남아있어, 자세하게 관찰해보면 나무가 화석이 되었다는 사실을 바로 알 수 있다. 사진 67의 규화목 조각들은 언뜻 보면 숯 조각으로 착각할 정도로 검고, 나무 조직이 매우 선명하다.

절벽을 이루는 해식애에는 눈향나무가 자리를 잡고 있다. 나무가 수직으로 서 있지 않고 경사면을 따라 누워있다고 해서 눈향나무라고 한다. 바닷바람이 강한, 곶의 절벽에서 생존하기 위해 바람을 거스르지 않고 절벽 면에 누워있는 모습으로 자라고 있다. 강한 바람에 적응해 생존하는 눈향나무에서 강인한 생명력을 느낄 수 있다. 바람의 섬으로 유명한 제주도 한라산의 고산지대에도 눈향나무가 군락을 이루고 있다.

68 해식애의 눈향나무. 강인한 생명력으로 수직에 가까운 절벽에 뿌리를 내린 눈향나무

파식대 지층에서 발견되는 규화목

해식애 앞에 펼쳐진 파식대에서 발견되는 규화목은 주로 직경이 20cm가 넘을 정도로 굵은 것으로 미루어 나무 몸통이 화석화된 것으로 보인다. 사진 69의 규화목은 드러난 부분의 직경이 24cm 정도

고 나무 조직이 선명하다. 누가 버린 숯덩이라는 생각이 들 정도로 선명한 검은색을 띠는 나무화석이다. 노출된 나무화석은 나뭇결이 선명하게 보이고, 오른쪽 암석으로 덮인 부분까지 화석이 뻗어있는 것으로 보인다.

69 나무 몸통 화석. 규화목의 나뭇결이 선명하게 보인다.

파식대가 파랑의 침식을 받는 과정에서 나무 몸통 화석의 일부가 노출돼있다. 해조류로 덮여있는 부분도 규화목이고, 나뭇결이 매우

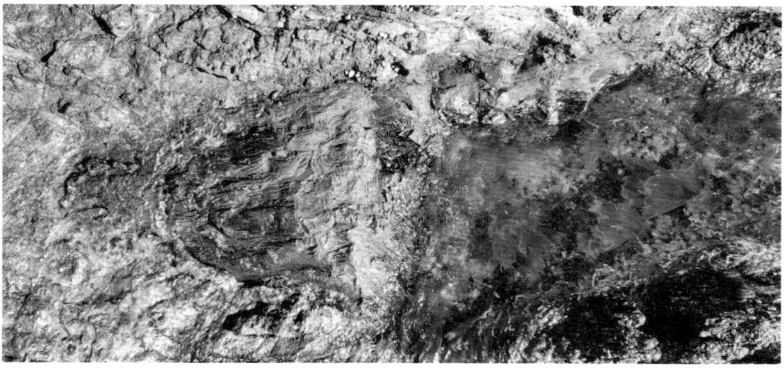

70 나뭇결이 선명한 규화목. 굵은 나무 몸통 화석으로 나뭇결이 매우 뚜렷하다.

선명하게 드러나 있다. 규화목의 직경은 20cm가 넘고 숯처럼 검은색을 띤다.

사진 71은 직경 20cm가 넘고 나이테 같은 동심원상의 나뭇결이 뚜렷하다. 먼 지질시대에 살다가 넘어진 나무의 나뭇가지나 몸통이 화석화된 것들과 형태가 매우 다르다. 규화목의 전체적인 형태로 미루어 나무 그루터기 화석으로 추정된다. 지층이 현재보다 더 침식이 진행되면 사방으로 뻗은 나무뿌리 화석도 드러날 수 있을 것이다. 이런 규화목을 분석해 나무의 종류를 알아내면 규화목이 발견되는 지층이 형성된 지질시대를 알 수 있다. 또한, 나이테를 분석하면 규화목이 자랐던 수 천만년 전 지질시대의 고기후 환경도 알아낼 수 있어 퇴적암에서 화석의 발견은 매우 중요하다. 규화목은 지구의 과거 자연환경을 추적해 갈 수 있는 일종의 타임캡슐인 셈이다.

71 나무 그루터기로 추정되는 화석

해식애에서 나뭇가지와 나무 조각 규화목이 주로 발견되고, 파식대에서 나무 그루터기와 나무 몸통 규화목이 주로 발견되는 이유는 뭘까? 해식애는 현재 태풍이나 폭풍이 불 때 발생하는 큰 파도가 아니면 바다의 침식작용을 심하게 받지 않기 때문에 암석에 들어있는 작은 규화목이 사라지지 않고 남아있는 것으로 보인다. 현재도 파랑의 강한 침식작용이 활발한 파식대는 가늘고 작은 나뭇가지와 나무 조각 화석이 침식으로 빠르게 제거되고, 상대적으로 굵고 큰 나무 몸통이나 그루터기 같은 규화목이 현재까지 남아있는 것으로 보인다.

파식대의 지형

오도리 북쪽에 자리한 곶의 해식애 앞에는 파랑의 침식작용으로 넓은 파식대가 발달했다. 파식대가 형성되는 과정에서 마린포트홀과 파식구 같은 해안침식지형과 타포니 같은 염풍화 지형이 발달했다.

72 파식대의 역암층에 발달한 타포니(풍화혈). 역과 역을 둘러싼 물질 사이에 침투한 바닷물이 증발하고 소금 결정이 성장해 암석을 부수는 과정에서 역이 빠져나간 자리에 형성된 타포니.

역암층의 자갈과 역을 감싸고 있는 물질의 경계를 따라 풍화와 파식작용이 활발하게 진행되기 때문에, 역암층에 형성된 파식대에는 다른 암석에 형성된 파식대와는 다른 독특한 지형 발달 모습을 볼 수 있다.

사진 72는 역암층의 역이 빠져나간 자리를 중심으로 타포니가 발달한 모습이다. 이질적인 물질이 쌓여 형성된 역암은 역과 역을 감싼 물질의 경계가 약한 부분이라 이곳이 먼저 풍화와 침식작용이 진행되어 역이 빠져 큰 구멍이 생긴다. 역이 빠져나간 구멍에는 많은 바닷물이 고이게 되고 물이 증발하면 소금 결정의 성장도 빨라진다. 결국 역의 구멍을 중심으로 타포니 형성이 활발하게 진행된다.

73 역암에 발달한 마린포트홀과 파식구. 파랑이 역암층을 침식하는 과정에서 역이 빠져나간 자리를 중심으로 마린포트홀이 형성되었다

사진 73은 파식대 형성과정에서 만들어지고 있는 지형을 촬영한 것이다. 동일한 물질로 형성된 암석보다 역암처럼 종류가 다른 물질로 이루어진 암석에서 다양한 크기와 모양을 갖는 타포니와 마린포트홀이 잘 형성된다.

파식대가 형성되는 과정에서 역암에 발달한 단열은 약한 부분이라 이곳을 따라 파랑의 침식이 먼저 진행되어 긴 도랑 모양의 파식구가 형성된다. 역암층의 역과 역을 감싸고 있는 물질의 경계 부분이 약하기 때문에 파랑의 침식이 활발하게 진행되어 역이 빠져나가고 돌솥 모양의 마린포트홀을 형성한다. 역이 빠진 자리에 파랑이 치면 물이 회전하게 되고, 파도에 함께 쓸려온 자갈이 회전하는 물을 따라 구멍을 침식해 마린포트홀이 더 잘 형성된다.

조선시대 군사 기지였던 칠포리

칠포항이 자리한 포항시 북구 흥해읍 칠포리는 오늘날 해군 기지에 해당하는 조선시대 수군만호진이 있던 곳이다. 고종 8년(1870) 동래로 옮겨가기 이전까지 군사 요새로서 7개 포대가 있던 성이라 하여 칠포(七浦), 옻나무가 많아서 칠포(漆浦)라 불린다고도 한다.

칠포리의 지형은, 칠포항 방파제를 중심으로 칠포에서 오도리에 이르는 북쪽 해안은 급경사의 해식애를 이루고, 해식애 앞에 파식대가 발달했다. 칠포에서 오도리에 이르는 해안의 절벽(해식애) 위에 해오름 전망대가 자리해 넓은 동해를 조망할 수 있다. 고현천이 동해로

74 칠포의 해안지형. 곶과 오도리까지 이어지는 해안에는 침식지형, 고현천 하구의 만에는 퇴적지형인 모래해안이 발달해 있다.

흘러드는 칠포방파제 남쪽의 작은 만에는 퇴적지형인 모래 해안이 자리하고 있다.

신생대 고 제3기 화산활동의 추억을 간직한 칠포응회암

칠포항에서 해오름 전망대로 이어지는 해파랑길을 따라 해오름전망대 주차장으로 가다 보면 왼쪽에 우뚝 솟은 절벽이 있다. 칠포응회암이 분포하는 절벽을 자세히 보면 4~5개의 뚜렷이 구별되는 퇴적층을 이루고 있다.

응회암(tuff)은 화산폭발로 분출한 물질(용암, 화산재, 화산탄, 화산역, 모래 등)이 쌓여 굳어진 암석이다. 칠포에 응회암이 분포하고 있다는 것은 과거 지질시대 이곳에 화산이 분출했었다는 사실이다. 지질학적 연구에 따르면 칠포응회암은 신생대 고 제3기 에오세(4,400만년 전 ~ 2,300만년 전)에 적어도 4회 이상의 화산분출로 형성되었다고 한다.

75 칠포응회암 절벽. 신생대 고 제3기 칠포 해안 지역 화산활동의 비밀을 간직하고 있다.

사진의 칠포응회암 절벽에 뚜렷이 구별되는 응회암층은 지질시대 칠포 일대에 여러 차례의 화산분출이 있었음을 증명하는 살아있는 증거다.

중생대 백악기 말에서 신생대 고 제3기까지 경상도 동쪽 지역은 현재의 일본처럼 지각이 불안정한 화산, 지진의 지뢰밭이었다. 칠포응회암은 화산활동이 활발했던 신생대 고 제3기 화산활동의 추억을 간직한 소중한 지형 자원이다.

칠포 해안에는 신생대에 태어난 아기공룡 둘리가 산다.

칠포응회암 절벽이 자리한 해안에서 해오름전망대 주차장 앞 해안까지는 넓은 파식대가 발달했다. 그러나 풍화와 침식에 강한 화산성역암이 분포하는 곳이라 파식대가 평평하지 않고 매우 울퉁불퉁하다. 울퉁불퉁한 파식대 중에서도 단단한 화산성역암이 파랑의 침식

76 아기공룡 둘리를 닮은 시스택. 눈과 입처럼 보이는 부분은 염정풍화로 암석이 부서져 형성된 타포니다.

을 견디고 남아 시스택을 이루고 있는데, 그 모양이 아기공룡 둘리의 얼굴을 닮았다(사진 76). 시스택이 아기공룡 둘리처럼 보이는 것은 시스택 표면에 염정 풍화작용으로 형성된 타포니가 눈과 입처럼 묘한 조화를 이루기 때문이다. 신생대의 화산암이 파랑의 침식과 염정 풍화작용을 받아 아기공룡 둘리를 닮은 시스택을 형성했다는 사실이 흥미롭다.

칠포에서 오도리에 이르는 직선 길이 800여m에 이르는 해안은 파랑의 침식으로 형성된 절벽인 해식애를 이루고 있다. 다음 사진의 오른쪽에는 칠포 북쪽에 자리한 오도리의 오도가 보인다. 해식애 위에 배 모양으로 지어놓은 해오름전망대는 해맞이와 짙푸른 동해를 조망할 수 있다. 해오름전망대가 자리한 해식애는 수직절리가 조밀하게 발달한 붉은색 화산암이 분포한다.

77 해식애 위에 세워진 해오름전망대

전망대 앞에는 파랑의 침식작용으로 해식애가 뒤로 후퇴하는 과정에서 형성된 평평한 파식대가 발달했다. 해식애는 주상절리처럼 수직절리가 발달한 암석에서 잘 발달한다. 해오름전망대가 자리한 해식애의 붉은 화산암은 주상절리는 아니지만, 그에 버금갈 정도로 조밀하게 발달한 수직절리가 파랑의 침식작용으로 무너져 내리면서 수려한 경치를 자랑하는 해식애 지형을 이루게 되었다.

왜 해오름전망대라 했을까? '해오름'은 포항, 울산, 경주 3개 도시가 함께하는 동맹의 이름과 같다. 3개 도시는 모두 한반도에서 해가 가장 먼저 뜨는 지역이면서 대한민국의 산업화를 일으킨 지역이라는 공통점을 지니고 있어서 '해오름 동맹'을 맺었다.

해오름전망대가 자리한 해식애 아래 파식대에는 파랑의 침식으로 형성된 마린포트홀이 잘 발달했다. 이곳의 마린포트홀은 침식에 강한 화산성역암층이 파랑의 침식작용을 받아 형성되었다는 점에서 다른 해안의 마린포트홀과 구별된다. 침식에 강한 화산성역암도 역을 둘러싼 물질과 역의 경계 부분이 약하기 때문에, 파랑의 침식작용이 지속되면서 역과 역을 둘러싼 물질이 분리되며 결국 역이 빠져나오게 된다. 역이 빠진 구멍에 파랑의 침식이 집중되면 마린포트홀이 형성된다.

78 화산성역암에 발달한 마린포트홀. 화산성역암의 역이 빠져나온 자리를 중심으로 마린포트홀이 형성되었다.

해안 침식지형에서 퇴적지형으로 변화된 모래 해안

칠포항 남쪽에 작은 모래해안이 자리해 있어 캠핑족들이 캠핑 장소로 많이 이용한다. 모래 해안은 칠포항이 자리한, 곶과 칠포해수욕장과 경계를 이루는 남쪽의 곶 사이에 발달한 만에 자리한 해안 퇴적지형이다.

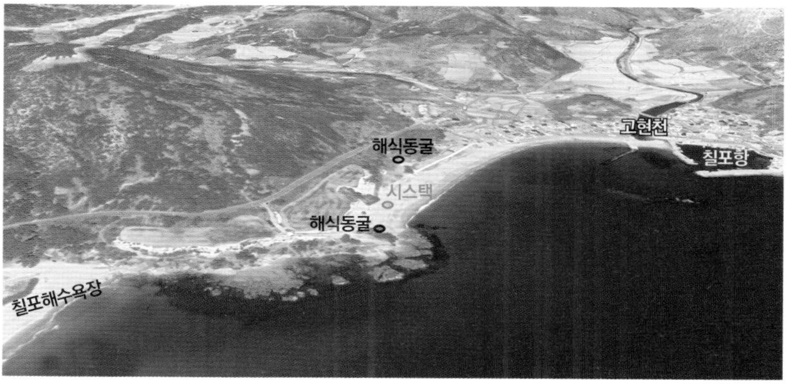

79 칠포항 남쪽 모래해안의 지형. 고현천이 운반한 토사가 쌓여 모래해안이 형성되었다.

모래해안의 남쪽 백사장에는 파랑의 침식을 견디고 남아있는 시스택이 백사장 중간에 위치해 있다. 그리고 바다와 떨어진 백사장 뒤편 절벽에 큰 해식동굴과 해식애가 자리 잡고 있다. 이런 지형적 상황을 통해, 모래가 퇴적된 백사장이 형성되기 전 바닷물의 침식으로 백사장 뒤편에 해식애가 형성되고, 해식애의 약한 부분에 해식동굴도 형성되었다는 사실을 알 수 있다. 그리고 모래 해안 남쪽 백사장 가운데 자리한 시스택도 이때 형성되었다. 해식애, 해식동굴, 시스택이 형성된 후 고현천이 운반한 모래가 해변에 쌓여 바다를 메꾸어 현재의 모습으로 바뀌게 된 것이다. 현재 모래 해안 뒤에 자리한 해식애, 해식동굴, 백사장 가운데 있는 시스택은 더 이상 바닷물의 영향을 받지 못해 침식에 의한 지형형성 작용이 멈춰버린 상태다. 즉 해안의 침식 환경이 퇴적 환경으로 바뀐 전형적인 사례 지역이다.

백사장에 나무처럼 시스택이 우뚝 솟아있다. 모래가 쌓이기 전 모래해안은 캠핑카가 주차한 뒤쪽 절벽까지 바닷물이 들어와 해안침식이 이루어지는 지형 환경이었다가 현재는 칠포항 옆으로 흘러드는

80 칠포항 모래해안과 시스택. 침식지형인 시스택과 퇴적지형인 모래 해안이 묘한 조화를 이루고 있다.

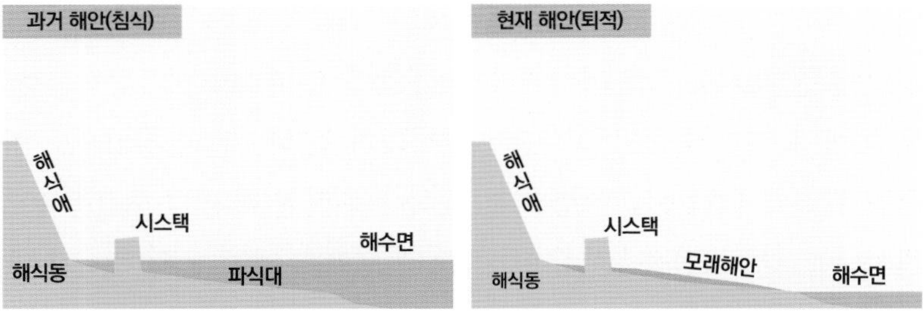

81 칠포 모래 해안의 지형형성. 현재보다 해수면이 높았던 과거에 해안침식이 진행되다, 현재는 모래의 퇴적이 이뤄지는 지형 환경으로 변화되었다.

고현천이 운반한 모래가 해안에 퇴적되는 모래해안으로 환경이 바뀐 곳이다. 시스택은 해수면 변동에 따라 침식작용에서 퇴적작용으로 바뀐, 해안 지형변화의 가장 확실한 살아있는 증거다.

캠핑카가 주차하는 공간의 뒤편에 해식애와 해식동굴이 있는데, 안타깝게도 동굴 앞에 화장실이 자리하고 있어 경관을 해치고 있다. 중요한 자연사적 가치가 있는 지형이기에 보존을 위해 필자는 화장실이 다른 곳으로 옮겨지길 바라본다.

그리 오래되지 않은 과거에는 바다에서 멀리 떨어진 이곳까지 바닷물이 출렁이고 파도의 침식으로 해식애와 해식동굴이 형성되었다는 사실은 상상조차 하지 못했을 것이다. 파랑의 침식으로 형성된 해식동굴은 깊이 3m 이상, 입구의 높이도 7~8m 정도 되는 규모가 큰 해식동굴이다. 포항 동해안에는 해식동굴을 찾아보기 어렵다. 단언컨대 칠포항 남쪽 모래 해안 뒤편에 있는 해식동굴은 경관과 규모 면에서도 비교 불가능한 소중한 지형 자원이다.

82 과거의 해식애와 해식동굴. 포항시 북구 해안 지역의 지형변화를 간직한 소중한 지형 자원이다.

사진 83의 해식동굴도 현재 파랑의 침식을 받아 형성되고 있는 살아있는 해안 침식지형은 아니다. 위에 언급한 해식동굴에 비해 규모도 훨씬 작고, 관광객들이 불을 피워 동굴 내부가 전부 검게 그을려 훼손된 채로 방치되고 있다. 해식동굴 뒤편 좁은 골짜기에 작은 텐트를 치고 불을 피우고 캠핑을 해 오염이 심각한 상태다. 이런 지형은 100년도 못사는 사람이 상상할 수 없는 오랜 세월의 풍상을 겪으며 형성된 것들이다. 한 번 파괴되고 훼손되면 다시는 되돌릴 수 없다는 사실을 깨달아야 한다.

83 모래 해안 남쪽 곶에 발달한 해식동굴

곡강천 하구의 다양한 해안 퇴적지형, 칠포해수욕장과 곡강리 봉림호

곡강천 하구에 자리한 곤륜산 앞 칠포 해안에서 용한리의 영일만항에 이르는 해안은 약 4km에 걸친 긴 모래 해안을 이루고 있다. 곡강천 하구의 북쪽인 곤륜산 전면의 모래 해안은 칠포 해수욕장이고, 곡강천 남쪽에서 영일만 신항에 이르는 모래 해안은 용한리간이해수욕장이다. 행정구역상 흥해읍 칠포리와 용한리로 구분되지만, 지형적으로는 형성 원인이 같은 하나의 모래 해안이다.

신생대 고 제3기의 화산암류가 분포하는 곤륜산, 방목산, 구곡산이 자리한 해안은 이들 화산암 산들이 해안 가까이 자리해 있어 들판이 거의 없다. 반면 용한리는 넓고 평탄한 지형을 이루고 있어 대조

84 곤륜산 정상에서 촬영한 칠포~용한리 해안. 해안단구, 모래 해안, 사구, 사주, 석호가 하나의 해안 지형 세트를 이루고 있다.

를 이룬다. 해수면보다 높고 평평한 용한리의 해안단구 지형은, 태백산맥이 해안까지 뻗어있어 평야가 매우 드물게 분포하는 동해안에서 사람이 거주할 수 있는 유용한 공간이다.

곡강천 하구에는 해안에 퇴적된 사주(沙洲, sand bar, 모래 둑)에 의해 바다와 분리된 호수인 석호(潟湖, lagoon)가 있고, 용한리 해안에는 바닷가 뒤에 소나무 숲으로 덮인 사구 지형도 발달해 모래가 퇴적된 해안에서 볼 수 있는 다양한 지형을 볼 수 있다. 즉 모래해안 지형의 종합선물세트라고 할 수 있다.

칠포해수욕장

곡륜산과 방목산 사이로 흘러나온 곡강천이 동해와 만나는 해안에 칠포해수욕장이 자리해 있다. 칠포해수욕장의 모래는 포항지역에서

85 칠포해수욕장의 모래 해안

두 번째로 큰 곡강천이 상류에서 운반해온 모래가 동해의 파랑과 연안류의 작용으로 퇴적된 것이다.

동해안의 해수욕장은 관광자원으로서 경제적 가치가 큰 만큼 개발과 보존의 조화가 필요하다. 포항시 동해안에서 칠포해수욕장같은 대규모 모래해안은 보기 어렵다. 조사리간이해수욕장처럼 대부분 자갈(몽돌)해안이거나, 월포해수욕장처럼 자갈과 모래가 섞여 있는 해안이 많다. 이런 점에서 모래의 공급이 풍부하고 대규모 모래 해안이 유지되고 있는 칠포해수욕장의 자연 생태적 가치와 경제적 가치는 상대적으로 크다고 할 수 있다.

지형지물의 방해 없이 열려있는 해안에서 지형형성과 사람의 생활에 가장 큰 영향을 주는 것은 바람이다. 칠포해수욕장 같은 모래 해안은 바람도 강하고, 모래까지 날아와 쌓이기 때문에 두 가지를 막기 위해 방풍림(방사림)을 조성하고 있다. 모래땅에 심은 나무는 척박한 환경에서도 잘 자라는 소나무다.

86 칠포해수욕장의 방풍림 조성을 위한 바람막이 시설

사진 87의 편향수는 칠포해수욕장이 자리한 해안의 바닷바람이 매우 강하고 연중 계속해서 바다에서 육지 방향으로 바람이 분다는 사실을 보여준다. 나무 몸통만 기울어진 것이 아니라, 나뭇가지도 육지 쪽으로 향하고 있다. 바다 쪽으로 자라던 나뭇가지는 강한 바람에 부러져 자라지 못한 결과다. 일정한 방향으로 강하게 부는 바람은 사람의 머리를 깎는 이발사처럼, 바람을 거스르는 방향으로 자라는 나뭇가지를 부러뜨린다. 이런 해풍의 영향을 오래 받으면 나뭇가지와 몸통도 바람에 순응해 자라므로 한 방향으로 기울어진 편향수가 된다.

87 편향수 해풍의 영향으로 나무가 내륙 쪽으로 기울어져 있다.

곡강천 하구에는 석호가 발달했다. 우리나라 동해안 해수욕장의 뒤편에는 많은 석호가 발달했다. 강릉의 경호, 속초의 청초호와 영랑호 등은 퇴적된 모래 둑(사주)에 의해 바다와 분리되어 형성된 석호다. 사주와 석호가 어우러진 모래 해안은 그 자체로도 아름다운 경관을 이루기 때문에 동해안에서는 관광지로 개발되어 석호 주변에 호텔, 리조트 등이 자리한 사례가 많다.

포항의 동해안에는 석호를 찾아보기 어렵다. 왜일까? 석호가 형성되려면 충분한 모래를 공급하는 하천이 바다로 흘러들어야 한다. 그러나 포항의 동해안에는 곡강천을 제외하고 모래의 공급량이 많은 하천이 드물다. 설령 석호가 있었다고 해도, 평지가 부족한 동해안에서는 사람에 의해 농경지, 위락시설로 개발돼 흔적도 없이 사라진 사례도 많다. 곡강천 하구 석호의 주변에 자리한 용한리의 대구교육해양수련원 일대도 과거 사구였을 것으로 추정되지만, 인위적으로 농경지, 수련원으로 개발된 것으로 여겨진다.

88 곡강천 하구의 석호와 사주. 대구교육해양수련원 앞에 자리한 곡강천 하구의 석호다.
(사진제공. 김석용)

들판이 된 석호(봉림호)

구곡산을 사이에 두고 북쪽에는 곡강천이 바다로 유입하고, 남쪽에는 작은 하천이 바다로 흘러와 곡강천 하구로 유입한다. 곡강천 하구로 흘러드는 소하천변에 배다리들로 불리는 들판이 있는데, 원래는 만이었다가 사주로 만의 입구가 막혀 형성된 석호였을 것으로 추정되는 지형이다.

89 배다리들 전경. 과거 봉림호라는 석호였다가 하천의 퇴적과 사람의 개간으로 들판이 되었다.(사진제공. 김석용)

배다리들이 석호였다는 지형적인 증거

사진 90은 배다리들 서쪽에서 바다가 있는 동쪽을 보고 촬영한 것이다. 동쪽 바닷가에 소나무 숲이 현재 해안에 발달한 사구다. 배다리들이 작은 만이었던 시절, 사구가 만의 입구를 막아 석호가 형성되고 소하천이 꾸준히 토사를 운반해 석호를 메워나갔다. 퇴적물로 수심이 얕아진 석호는 갈대가 자라는 습지로 변하고, 습지를 논으로 개간해 현재의 배다리들이 되었다.

90 배다리들(봉림호). 과거 석호였던 봉림호가 농경지로 변화돼 배다리들로 불린다. 바닷가에 사구가 길게 뻗어있다.

사진 91은 배다리들을 관류하는 소하천의 개수공사 과정에서 노출된 진흙 퇴적층(갯벌)이다. 손으로 만졌을 때 화장품처럼 미끌미끌하고 알갱이의 흔적은 전혀 찾아볼 수 없는 전형적인 펄 층이다. 이런 진흙 퇴적층은 파도로 물결이 일거나, 하천처럼 흐르는 물에서는 쌓이기 어렵다. 만의 입구가 사주로 막혀 석호가 형성되면 물의 흐름이 막

91 배다리들의 갯벌층. 화장품처럼 매끄럽고 고운 진흙이 두껍게 쌓여있다.

히게 되고, 소하천이 운반한 토사 중에 입자가 고운 진흙이 오랜 시간에 걸쳐 침전될 때 이런 갯벌층이 형성된다. 진흙으로 된 갯벌층은 배다리들이 과거 석호 같은 호수환경이었다는 증거 지형이다.

사진 92는 위에서 설명한 지형적 자료를 근거로 곡강천 하구의 과거 해안선을 추정해 그린 것이다. 곡강천 하구와 배다리들(봉림호)이 바닷물이 드나들던 만이었음을 알 수 있다. 흥안리에서 칠포로 넘어오는 솔고개와 곤륜산 사이의 작은 들판도 과거에는 바닷물이 드나들던 곳이었는데, 곡강천의 퇴적작용으로 메꿔져 현재는 농경지로 이용되고 있다.

92 과거의 해안선. 하천의 퇴적으로 메꾸어지기 전 곡강천 하구의 해안선을 추정한 것이다. 봉림호는 얕은 만이었다.

배다리들이 석호였음을 증명하는 조선시대 고지와 일제강점기 지도

1831년 경상도읍지에 실린 흥해 지도에 봉림호(鳳林湖)라고 수록되어 있다. 봉림호의 남쪽에 지을봉수(현재는 봉화산), 서쪽에 곡강서원,

북쪽에 곡강천 하구, 칠포, 고령산(현재는 곤륜산)이 자리하고 있다. 1831년 제작된 흥해 지도와 일제강점기인 1910년에 제작된 1:50,000 지형도를 비교한 그림인데 이해를 돕기 위해 일제강점기 지도를 거꾸로 돌려놓았다.

일제강점기 지도에도 봉림호 남쪽에 지을봉수(봉화산), 서쪽에 서원, 북쪽에 곡강천, 고령산, 칠포가 자리해 있다. 1831년 지도와 1910년 지도의 지형과 지명이 일치한다. 1910년 지도에 봉림(鳳林)이라는 마을 이름과 1831년 흥해 지도에 수록된 봉림호라는 호수의 한자가 동일하다. 봉림이라는 호수의 이름에서 마을 이름이 나왔거나, 봉림이라는 마을 이름에서 봉림호라는 호수 이름이 나왔을 것이다. 조선시대 지도와 일제강점기인 1910년 지형도의 지명이 일치하는 것은 결코 우연일 수 없다. 1914년 일제가 우리나라 행정구역 개편(도-시군-면-리)을 단행하기 이전이라, 1910년 지도의 지명은 조선시대 지명을 그대로 수록했을 것이다. 지도에 수록된 북하면(北下面), 동하면

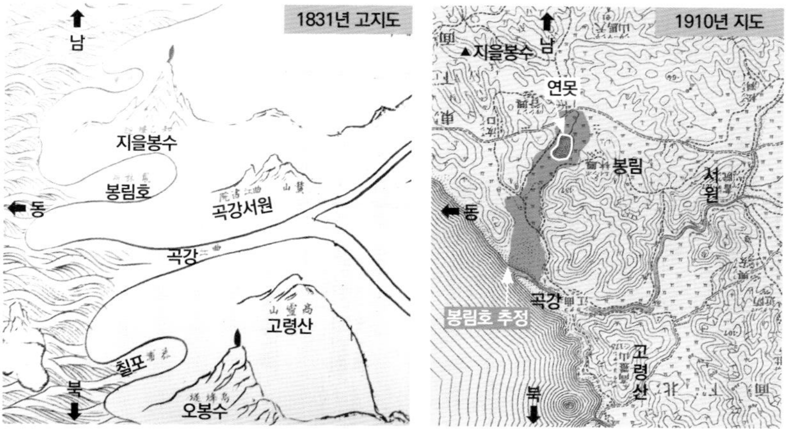

93 1831년 흥해지도와 1910년 지형도. 두 지도의 한자 지명이 일치하고, 1910년 지도에 북하면, 동하면 같은 조선시대 행정명이 수록되어 있다.

(東下面)은 조선시대의 행정구역명이다.

1910년 지도에 봉림호가 있던 지역은 논으로 이용되고 있고(지도기호), 봉림호 상류인 남서쪽에 연못이 그려져 있다. 봉림호가 퇴적물로 메꾸어져 수심이 얕아져 갈대가 자라는 습지가 되고 습지가 논으로 개간되는 과정에서 수심이 깊은 부분이 저수지처럼 연못으로 남았던 것 같다.

또한, 18세기 중반에 편찬된, 조선시대 지리서인 여지도서에 봉림호가 흥해군 동쪽 15리에 있다는 기록이 남아있다. 흥해 군수였던 류세무(柳世茂)가 지은 〈봉림순채(鳳林蓴菜)〉라는 한시도 남아있어, 석호인 봉림호의 실체가 여지도서를 통해 고증된다. 봉림의 순채라는 시의 순채는 우리나라 습지에 자생하는 수련과의 습지 식물로 어린잎과 줄기는 나물로 식용을 했다고 한다. 봉림호가 습지인 석호였기에 습지 식물인 순채가 많이 생산되었고, 흥해 군수가 시로 남긴 것이다.

94 현대 지도 속의 봉림호. 2016년 지형도에 봉림이, 배다리들이라는 지명이 기록돼 있어, 과거 석호였던 봉림호의 존재를 알 수 있다.

지명은 하루아침에 만들어지거나, 사라지지 않고 흔적을 남긴다. 석호 북서쪽에 자리한 봉림은 현재 행정명이 곡강리로 불리고 있지만, 마을 주민들은 봉림마을이라고 부른다. 2016년 지도에 봉림이, 배다리들이라는 지명이 남아 과거 이곳이 봉림호라는 석호였음을 알려준다.

영일만항과 산업단지를 품은 용한리

포항시 동해안에서 다른 지역의 해안단구보다 용한리에 상대적으로 규모가 크고 평평한 해안단구가 형성된 원인은 뭘까? 영일만항을 배경으로 대규모 산업단지가 들어설 수 있었던 것도, 공단 부지를 조성할 수 있었던 것도, 넓고 평평한 해안단구 지형이 발달한 덕분이다. 곤륜산과 구곡산처럼 풍화와 침식에 강한 화산암이 분포하는 산이라 파랑의 침식을 받아도 해안단구가 형성되기 어렵고, 형성이 되었다고 해도 해안단구의 규모가 아주 작다. 용한리 지역이 단단한 화산암이 분포했다면 포항시 북구 청하면 방석리처럼 작은 마을이 들어설 정도의 작은 해안단구가 형성돼 대규모 산업단지의 조성은 불가능했을 것이다. 이처럼 지형과 인간의 생활은 밀접하게 연관되어 있다.

95 용한리 해안단구와 해안 지형. 침식에 약한 신생대 제3기 연일층군의 퇴적암이 분포하는 용한리에 큰 규모의 해안단구가 발달했다.

용한리 해안단구는 신생대 신 제3기 마이오세 포항 분지에 퇴적되었던 연일층군의 이암(泥岩, mudstone)이 분포한다. 흙도 돌도 아닌 상태라 떡돌로 불리는 신생대 신 제3기 연일층군의 이암은 풍화와 침식에 매우 약하다. 그리고 시루떡 같은 층리(bedding)가 발달해, 시루떡 같은 퇴적층을 포크레인으로 걷어 내듯이, 파랑이 층리를 따라 이 암층을 침식하게 된다. 용한리에 분포하는 신생대 신 제3기 연일층군 퇴적암의 구조적인 특징과 강한 파랑의 침식작용으로 용한리에는 포항시 북구 동해안에서 가장 넓고 평평한 해안단구가 형성되었다.

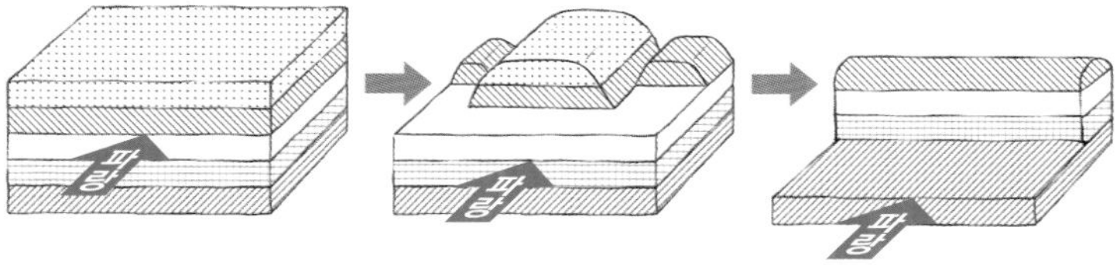

96 용한리 해안단구를 이루는 신생대 신 제3기 퇴적암의 침식과정. 신생대 제3기 연일층군의 퇴적암은 층리가 발달한 무른 암석이라 파랑의 침식이 층리를 따라 진행됨으로, 화산암처럼 단단하고 불규칙한 조직을 가진 암석보다 상대적으로 넓고 평탄한 해안단구가 형성되었다.

97 용한리 해안단구. 사진의 소나무 숲이 있는 높은 부분이 용한리 해안단구고, 아래에는 영일만항 도로가 통과하고 있다.

사진 98은 현대중공업 포항공장 뒤를 지나는 도로공사로 파놓은 땅에 드러난 해안단구 퇴적층이다. 해변에서 약 1km 떨어진 땅이 먼 과거에 해변이었다는 사실을 믿기 어렵지만, 사진은 과거 이곳이 해변이었을 때 파랑의 침식으로 만들어졌던 둥근 자갈이 쌓인 층이다. 이런 퇴적층 노두를 통해 이곳이 한때는 파랑의 작용을 받았던 해변이었다가, 지각운동으로 융기한 해안단구면이라는 사실을 과학적으로 증명할 수 있는 것이다.

98 용한리 해안단구 퇴적층. 경북 포항시 북구 흥해읍 용한리 869번지, 공장 뒤편 도로공사로 드러난 해안단구 퇴적층(2019년 5월 촬영). 현재는 모두 덮여 사라짐.

기후변화의 비밀을 간직한 해안단구 퇴적층

해발고도 30m가 넘는 해안단구에 자리한 경북 포항시 북구 흥해읍 용한리 382-2번지 밭에 깊이 7m가 넘는 구덩이 안에 모래층이 노출되어 있다(사진 99). 구덩이가 있는 곳은 용한1리 해안단구 중에서 고도가 높은 지역으로, 주로 밭농사가 이루어진다. 모래가 두껍게 덮인 땅이라 배수가 잘되기 때문에 논농사보다 밭농사가 유리한 것이다. 그런데, 포크레인으로 밭을 파헤쳐 모래를 파내고 있었다.

두께 9m나 되는 용한1리 해안단구의 모래는 어디서 온 것일까? 해안단구가 형성되는 과정에서 해안가의 모래가 강한 해풍에 날려와 해안단구 면에 쌓인 풍적층이다. 물론 현재 해안의 모래가 날려와 쌓인 것이 아니라, 아주 오래전 용한1리 해안단구면이 해수면(0m) 근처에서 형성된 후 융기하는 과정에 쌓인 모래다. 해안단구면의 현재 해발고도가 30m를 넘을 만큼 융기하는 시간이 흘렀으니, 아주 오래전에 쌓인 모래(고 사구)라는 것을 알 수 있다. 바람에 날려와 쌓인 모래라 입자가 매우 곱다(가늘다). 모래의 용도는 주물 공장의 주물 틀을 만드는 재료로 사용한다고 한다. 주물 틀(거푸집)을 만들 수 있을 정도로, 용한리 해안단구의 모래의 입자가 곱다는 얘기다.

모래를 파낸 자리는 신생대 신 제3기 퇴적암인 떡돌로 채우고 있었다. 사진 99의 오른쪽에 보이는 층은 모래를 파내고 그 구덩이를 메꾸기 위해 다른 곳에서 떡돌을 운반해와 채우고 있는 모습이다. 해안단구에 두꺼운 모래가 쌓인 사례는 전국의 해안에 많지만, 이곳처럼 9m나 될 정도로 두껍게 쌓인 모래층은 찾아보기 어렵다. 사진의 구

99 용한1리 해안단구의 모래 퇴적층. 노출된 모래층의 두께가 7m, 여기서 2m를 더 파야 기반암층(떡돌)이 나온다고 한다.

덩이는 아무렇지 않게 떡돌로 채워지고 원래 지형은 지워질 것이다. 그러나 이미 땅속으로는 원래 지형은 훼손되고 원형을 잃은 것이다. 고 사구의 모래층은 다시 재생될 수도 없는 소중한 지형 자원이다.

사진 100의 모래층에 가로로 치밀하게 가 있는 갈라진 틈같이 보이는 구조는, 빙하기의 겨울 추위로 땅속까지 꽁꽁 얼었을 때 형성되는 엽상구조라는 미지형이다. 용한1리 해안단구의 엽상구조는 지표에서 1.6m 깊이에 70cm의 두께로 발달했다. 현재 포항지역의 겨울 추위로 땅속 1.6m까지 얼어 엽상구조가 형성될 수 없다. 현재보다 훨씬 기온인 낮아 겨울 추위가 혹독했던 지난 최후 빙기의 유물지형이다.

회색으로 보이는 부분은 빙기의 낮은 기온 아래, 모래층에 과포화되었던 수분으로 인해 철분, 망간, 마그네슘 같은 유색 광물질이 녹아(이온화) 아래층으로 이동하고, 석영 같은 무색 광물이 모래층에 많

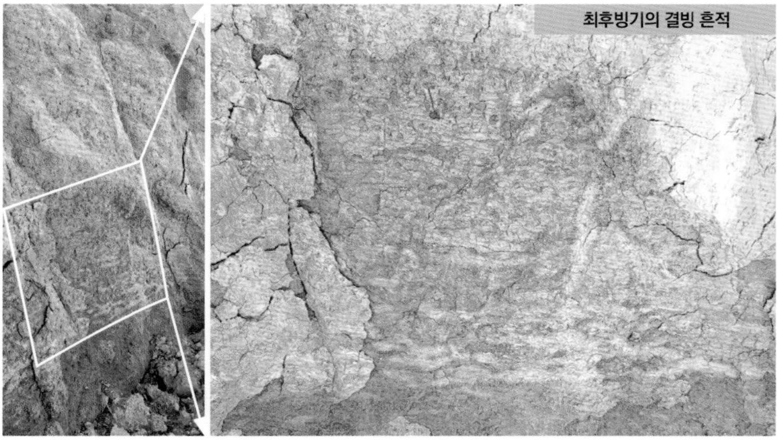

100 지표에서 1.6m 정도 깊이에 나타나는 결빙구조(엽상구조). 지난 최후빙하기 이곳 포항도 겨울철 추위가 현재의 시베리아만큼 추웠고, 그 흔적이 땅속에 결빙구조로 남아 빙기의 존재를 증명하고 있다.

이 남아있기 때문이다. 철분은 모래층에 수분이 과포화되고 산소가 차단되면 녹아서 아래로 이동하다 쌓여 층을 이루게 된다. 엽상구조에 진한 갈색 알갱이처럼 보이는 물질이 빙기 때 녹아서 모래층을 이동하던 철분이 쌓여 만들어진 철분 집적물이다. 빙기 때 수분이 과포화된 토양층의 결빙과 유색광물의 이동으로 지층이 밝은 회색을 띠게 되는 지형형성 작용을 글레이제이션(gleyzation=회색화)이라고 한다.

이런 과거의 지형형성 작용의 흔적을 통해 한반도 남쪽까지도 겨울철에는 현재 시베리아 수준의 겨울 추위가 몰아친 빙하기가 실재했었음을 증명한다. 최후빙하기를 겪은 모래층이라 적어도 수만에서 수십 만년 이전에 해안의 모래가 날려와 쌓인 층이라는 사실을 알 수 있다.

용한리의 해안단구의 토지 이용 변화

용한리 해안단구는 1918년에 제작된 일제강점기 지도에 모래가 쌓인 땅으로 표시되어 있다. 아래 지도에 검은 점이 많이 표시된 부분은 해안과 단구 모두 모래가 쌓인 지형을 의미한다. 기존의 용한리 지형연구 논문에서 먼 과거의 사구 모래층이라고 나와 있으니 모래로 이루어진 땅임이 확실하다. 모래는 빗물이 모두 지하로 빠져나가기 때문에 농사에 불리하고, 동해의 강한 해풍이 불어오기 때문에 방풍림 같은 숲을 조성하지 않고서 농업은 불가능했을 것이다. 일제강점기 지도를 자세히 보면 용한리 주변에 침엽수가 표시되어 있고, 그 사이의 작은 골짜기에 논이 표시되어 있다. 해안단구가 빗물의 침식으로 해체되면서 형성된 작은 골짜기는 빗물이 모이는 곳이고 침엽수(소나무)가 바람을 막아줘 논을 만들 수 있었을 것이다.

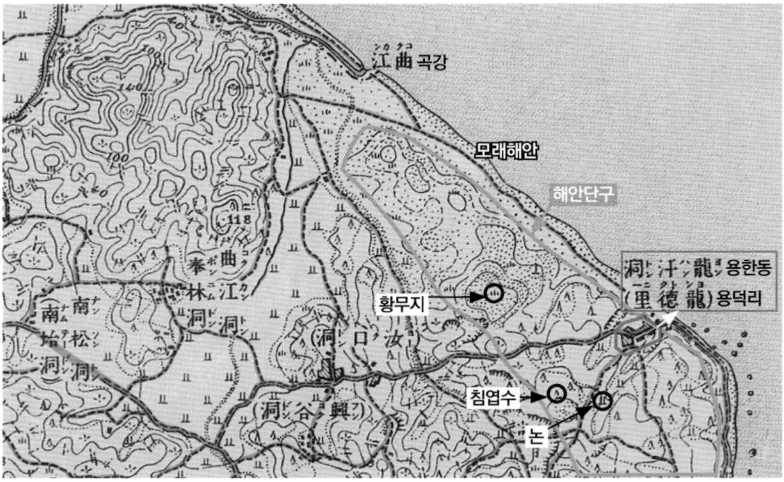

101 일제강점기 용한리 해안단구의 토지 이용(1918년). 용한리 해안단구는 해풍이 강하고 대부분 모래가 덮인 지형이라 황무지이고, 일부 골짜기 지역에 논이 조성되어 있다.

용한리 해안단구는 1990년대 지형도에는 일제강점기 지도에 비해 황무지가 많이 줄고, 용한리를 중심으로 밭으로 개간되어 이용 중이다. 모래가 덮인 땅이라 배수가 잘되므로 주로 밭농사가 이루어졌다. 곡강천 하구에서 용한리 앞 해안까지 훼손되지 않은 모래 해안이 길게 이어져 있어, 영일만항과 산업단지의 개발로 원래 모습이 사라진 2021년 현재와 많이 다른 모습이다. 평야가 적은 동해안에서 용한리 해안단구는 상대적으로 규모가 큰 평지라 영일만항과 연계해 공업단지를 세우는 부지로 개발되었다.

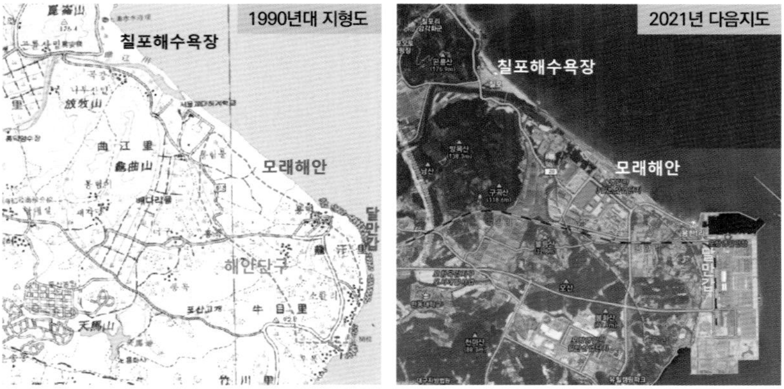

102 용한리 해안단구의 토지 이용변화

용한1리 마을이 자리한 해안단구는 해수면보다 15m 이상 높은 곳에 자리해 있다. 단구면은 대부분 산업단지로 개발됐고, 용한1리 주변은 밭으로 이용된다. 단구면은 먼 과거에 해풍에 날려온 모래가 쌓여 형성된 고(古) 사구라 모래가 두껍게 쌓여있어, 배수가 잘되기 때문에 대부분 밭으로 이용된다.

103 용한리 해안단구면과 영일만항

해안단구면에 자리한 용한1리

바람이 많이 불고, 모래가 두껍게 쌓여 사람이 살기 어려운 용한리 해안단구면에 용한1리가 있다. 용한1리는 사진처럼 해안단구에서 바다로 뻗어있는 두 개의 골짜기 사이의 단구 면에 자리했다. 일제강점기인 1918년에 제작된 지형도에도 용한1리가 표시되어 있다. 해안단구에서 바다로 뻗은 골짜기는 해안단구면의 물이 모여 작은 개울을 이루고 있다.

물을 구하기 쉽지 않은 해안단구면에서도 용한리는 마을 양쪽에 있는 두 개의 골짜기에서 물을 구할 수 있고, 단구애로 인해 바다와 단절된 마을에서 골짜기를 통해 바다로 내려갈 수 있는 편리한 지리적 조건을 갖춘 곳이다. 강한 해풍을 막기 위해 시누대와 소나무로 방풍림을 조성하였다. 일제강점기 지도에 마을 주변에 침엽수(소나무)가 표시되어 있는데 방풍의 효과를 얻기 위해 조성한 소나무 숲으로

104 용한리 해안단구에 발달한 골짜기. 해안단구가 현재 환경에서 해체되고 있다는 증거는, 이런 골짜기(개석곡)의 발달을 통해 알 수 있다. 골짜기는 용한1리 주민들이 바다로 내려오는 통로 역할도 한다.

보인다. 신생대 신 제3기 퇴적암 절벽이 노출된 골짜기는 작은 그랜드캐니언처럼 보이기도 한다.

사진 105는 영일만항을 연결하는 대로변에서 촬영한 용한리 해안단구의 일부 모습이다. 도로가 있는 곳은 원래 모래가 쌓인 곳(사구)이었으나 도로가 놓이고, 도로변에 상가가 들어서 있다. 언덕처럼 보이는 해안단구 위에 서너 채의 집이 보이는데, 집 뒤에 용한1리 마을이 자리하고 있다.

105 단구면 아래 자리한 상가와 도로

파랑이 강해 월파(越波)의 위험이 있는 용한리 해안에서 해안단구면 보다 안전한 마을 자리는 없었을 것이다. 동해로부터 불어오는 바람과 날리는 모래로부터 마을을 보호하기 위해 방풍 효과가 큰 시누대 숲과 소나무 숲을 급경사를 이루는 해안단구 끝부분에 조성했다. 현재는 해안 도로변에 시멘트 방파제와 테트라포트를 쌓아 월파를 방지할 수 있게 되어, 단구면 아래에 도로와 낚시가게 등이 자리하게 되었다.

과잉 개발로 환경이 파괴된 용한리 모래 해안

사진 106은 용한리 해안단구와 영일만항에서 칠포해수욕장으로 이어지는 모래 해안 전경을 촬영한 것이다. 사진에 보이는 정도로 최소한의 개발을 하지 않고, 신항만에서 칠포와 흥해로 연결되는 도로가 급커브 하는 지점부터 길고 높은 제방을 쌓아 모래 해안의 자연을 크게 훼손하였다. 제방 때문에 모래 해안으로부터 모래 공급이 끊긴 사구도 오랜 시간이 지나면 환경문제가 발생할 것이다.

106 용한리 해안단구와 모래 해안 전경. 이곳은 용한리와 산업단지가 자리한 해안단구, 사구, 곡강천 하구의 석호와 사주가 차례로 전개되는 모래 해안 지형의 전시장 같은 곳이다.

곡강천 하구에서 용한리로 이어지는 긴 모래 해안은 과도한 개발로 인해 원래 모습을 잃고, 방파제와 테트라포트로 막혀 사구와 단절되어 있다. 용한리 해안은 모래 해안 뒤에 사구, 사구 뒤에는 해안단구 면이 있는 지형 구조를 이루고 있다. 사진 107처럼 모래 해안과 사구 사이에 10m가 넘는 방파제를 쌓고, 방파제를 파랑의 침식으로

부터 보호하기 위해 테트라포트를 쌓았다. 사구 앞에서 방파제 위까지 산업단지 부지와 도로를 건설해야 했을까?

107 용한리 북쪽 모래 해안의 현재 모습. 제방을 쌓지 않았다면 칠포까지 이어지는 아름다운 모래 해안과 사구 지형이 휴식처를 제공했을 것이기에, 사구 앞에서 방파제 위까지 산업단지 부지와 도로를 건설한 선택에 아쉬움이 든다.

산업단지 조성을 사구 뒤에 자리한 해안단구까지만 했다면, 사구가 해풍과 해안에서 날려오는 모래를 자연적으로 막아주기 때문에 높은 비용을 들여 방파제와 테트라포트를 쌓을 필요가 없었을 것이다. 자연의 힘을 인간이 인공적으로 막으려면 많은 경제적 비용을 감수해야 한다. 방파제와 테트라포트를 유지하기 위해 정기적인 점검과 지속적인 보수작업을 필요로 하기 때문이다. 한발 물러서 해안단구면까지 개발하고 모래 해안과 사구를 살려뒀다면 칠포해수욕장과 연계된 아름다운 모래 해안도 얻고, 많은 관광객을 유치해 지금처럼 과잉 개발로 얻는 이익보다 더 큰 관광 수입도 거둘 수 있었을 것이다.

사진 108의 사구와 용한리 모래 해안 사이에는 월파(越波)와 모래

의 이동을 막기 위해 사진 108처럼 높은 제방을 세워, 해풍에 의한 모래의 이동이 차단되었다. 제방과 사구 사이에는 모래에서도 잘 자라는 방풍나물이 재배되고 있다. 왜 방파제로 모래 해안을 가로막아 자연경관을 훼손했는지, 이렇게까지 과도한 개발을 했어야만 했는지, 이유는 모르지만 모래 해안을 원래대로 복원한다면 용한리에서 칠포 해수욕장까지 이어지는 멋진 모래 해안을 되찾을 수 있을 것이다.

108 용한리 해안의 사구. 사진 왼쪽 소나무 숲이 사구, 오른쪽은 바다와 사구를 분리하는 인공제방이다.

사진 109는 방파제 뒤에 자리한 사구의 모래 퇴적층 모습이다. 부드러운 모래층인데도 소나무 뿌리가 땅속 깊이 파고들지 않고 주로 옆으로 뻗어있다. 사구의 두꺼운 모래층은 영양분이 부족하지만, 낙엽이 쌓이고 풀이 자라고 마르기를 반복하는 표토층은 모래층보다 상대적으로 많은 양분을 얻을 수 있다.

109 용한리 사구의 모래 퇴적층

그래서 사구에 자라는 소나무는 나무를 유지하는데 필요한 최소한의 뿌리만 땅속 깊이 내리고, 소나무 뿌리의 대부분은 영양분이 상대적으로 풍부한 표토층을 따라 옆으로 얕고 넓게 뻗은 것이다. 주어진 환경에서 살아남기 위한 소나무의 환경 적응력을 통해 강인한 생명력을 느낄 수 있다.

지형 환경 변화의 타임캡슐 죽천리

죽천리와 영일만항이 자리한 달만갑(곶)에는 해안 침식지형인 해안단구가 자리하고, 여남천이 유입하는 작은 만에는 해안 퇴적지형인 죽천해수욕장이 있다. 영일만항 건설에 따른 영일만 해양 환경 변화의 영향을 가장 먼저 받는 곳이 죽천리 해안이다.

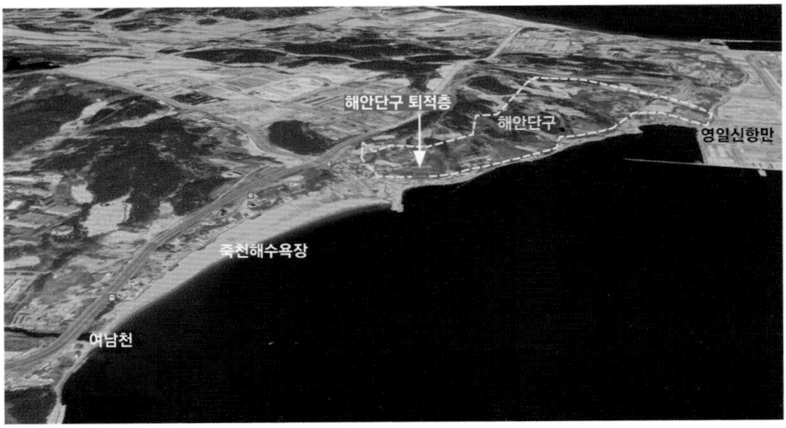

110 죽천리의 지형

해안단구와 죽천리

바닷가에 낮은 산처럼 보이는 지형이 과거 파랑의 침식으로 형성된 평탄면이 융기한 해안단구로, 우목리를 거쳐 용한리까지 이어진다.

해안단구는 해수면보다 12m~16m 정도 높이의 평탄면을 이룬다. 해안단구 위에 여러 채의 집이 자리하고 있고, 해안단구 바로 아래 해안도로 변에 음식점, 수산물상회 등 상가가 자리했다.

111 죽천리 해안단구와 아래 해변에 새로 들어선 상점

음식점 중 바다풍경이라는 식당은 얼마 전 방영했던 tvN 드라마 〈갯마을 차차차〉 촬영지로 유명세를 탔던 곳이다. 바다풍경 식당 등 상가는 해안에 테트라포트와 시멘트 옹벽을 설치해 파랑을 막고, 해안단구와 바다가 만나는 절벽을 깎아내 터를 새로 닦아 자리했다. 일제강점기인 1918년 포항 지형도에 현재 바다풍경 식당이 자리한 해변에는 집이 없고, 해안단구 면과 죽천 마을회관이 있는 해안에 마을이 형성된 것으로 표시되어 있다.

해수면 변동과 빙하기의 흔적을 간직한 죽천리 해안단구 퇴적층

죽천리에서 신항만으로 이어지는 도로가 개설되고 상가가 형성되는 과정에서 해안단구를 파내 12m 정도의 인공절벽이 만들어졌고, 절벽 면에 해안단구를 증명하는 퇴적층이 노출돼있다. 사진 112의 맨 아래는 기반암인 신생대 신 제3기 연일층군의 퇴적암이고, 그 위에 해안단구 면이 해수면 높이였을 때 퇴적된 둥근 자갈층, 맨 위가 해안단구가 해수면보다 높아진 후 해변의 모래가 바람에 날려와 형성된 사구 모래층으로 구성되어 있다. 죽천리 해안단구 퇴적층은 교과서적인 지형 단면으로 전국적으로도 보기 드문 지형 노두다. 이 단면을 분석한 연구 논문에 따르면 죽천리 해안단구의 형성 시기는 대략 95,000±13,000년 전 정도라고 한다.

112 죽천리 해안단구 퇴적층. 파식으로 형성된 기반암층, 단구역층, 고 사구의 모래 퇴적층 순서로 배열된 해안단구 단면이다.

사진 113은 해안단구 역층을 근접 촬영한 것이다. 사진의 둥근 자갈에는, 자갈이 바닷가에 놓여 있을 때 조개류가 뚫었던 크고 작은 구멍이 선명하게 남아있다. 또, 둥근 자갈 표면이 녹슨 것 같은 붉은색이 덮여있는데, 지난 빙기에 퇴적층 내부에서 녹아 흐르던 철분이

덮인 것이다. 이런 증거를 통해 둥근 역들이 바닷가에서 형성되었고, 현재보다 연평균 기온이 6℃나 낮아 겨울에는 시베리아와 같은 추위가 몰아쳤던 빙하기가 존재했었다는 사실을 알 수 있다. 죽천리 해안단구 역층은 해안단구 형성의 비밀을 간직한 일종의 타임캡슐이다.

113 빙하기와 바다의 흔적을 간직한 해안단구 역층. 조개가 판 구멍은 과거의 바다를, 철분 코팅역은 빙하기의 존재를 증명한다.

성계리
노당리
육통리
산대리
양월리
안강리
사방리
오어리
모아리
현곡면
천북면
성지리

영일만
모래 해안 지형

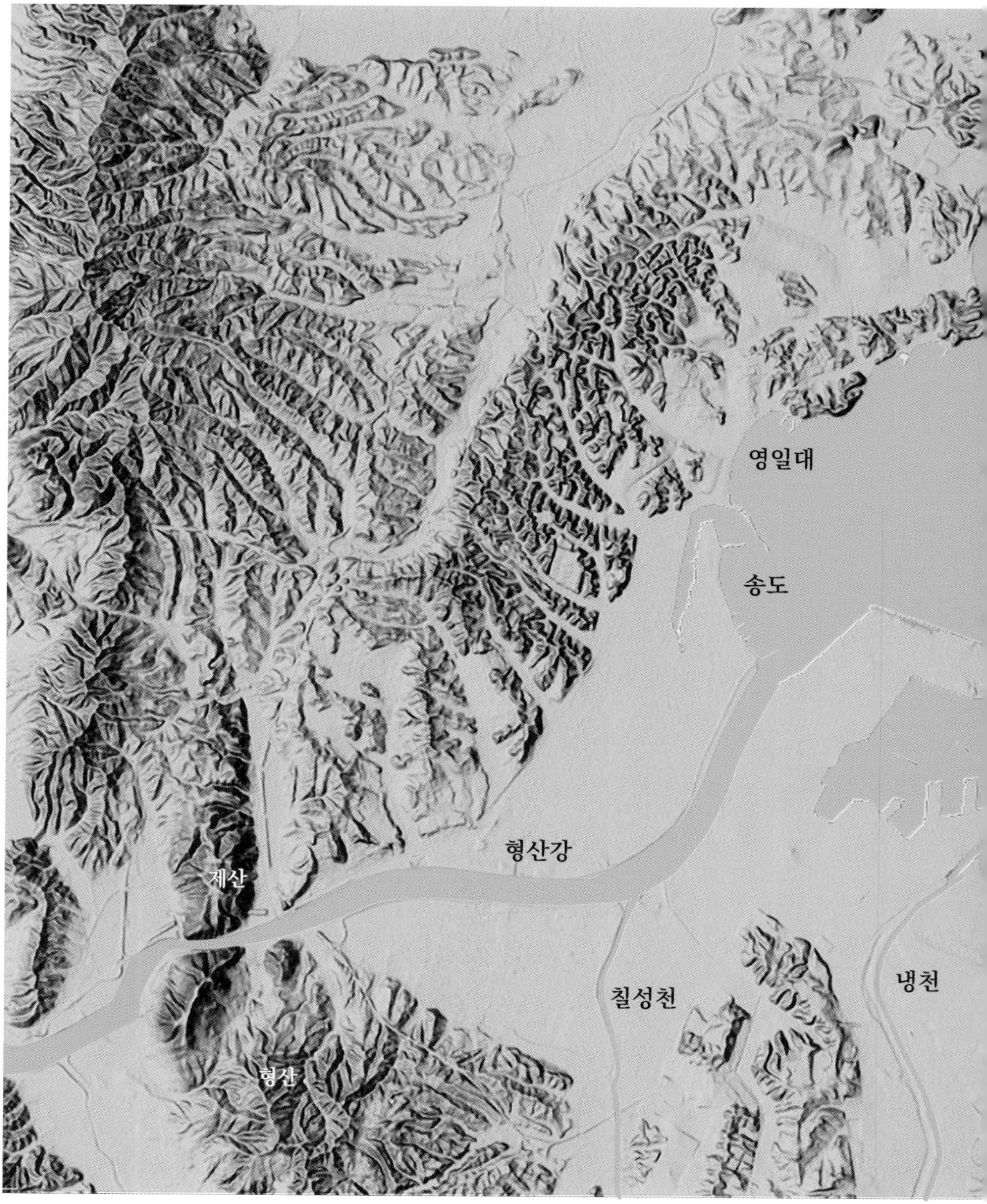
영일대
송도
형산강
제산
칠성천
냉천
형산

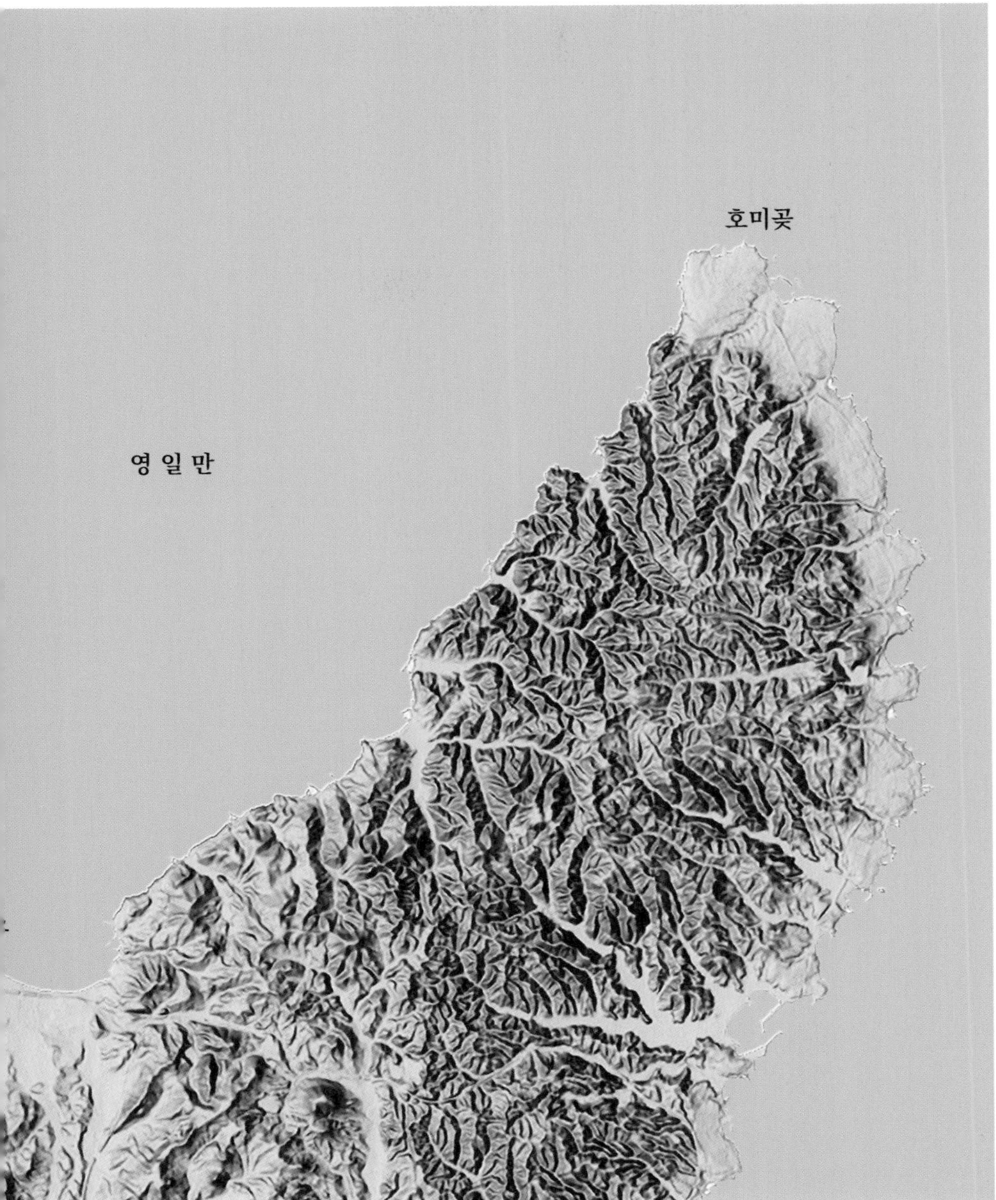

ㄷ자 형태의 영일만.
형산강 하구 영일만의 모래 해안은 현재 영일대, 송도, 도구해수욕장이 있다.

만은 바다가 육지 쪽으로 오목하게 들어온 지형이다. 만은 바다로 돌출한 곳에 비해 해류의 흐름과 파랑이 상대적으로 약하다. 이런 지리적인 특징으로 인해, 만은 바닷가에서 사람이 모여 살아갈 수 있는 중심 공간이 된다. 만은 강한 파랑으로부터 어느 정도 보호받을 수 있어 방파제 같은 인공 시설을 하면 배의 출입이 편리한 공간으로 바뀌게 된다.

영일만은 북동에서 남서 방향으로 깊게 파고들어 온 ㄷ자 형태의 만으로, 흥해의 달만갑(영일만 신항이 자리한 용한리)과 호미곶을 연결하는 선의 안쪽 바다다. 영일만 입구의 폭은 10km, 입구에서 안쪽까지 길이는 12km 정도로 동해안에서 가장 규모가 큰 만이다.

국립해양조사원 자료에 따르면 영일만 내부의 수심은 포항제철 신항만을 기준으로 16~25m 정도 되는데, 이 정도면 영일만 내부의 수심이 우리나라 다른 바다에 발달한 만에 비해 수심이 상대적으로 깊은 편이다. 영일만 입구 쪽으로 가면 수심이 25~30m 정도로 깊어지고, 조차도 대조차(밀물과 썰물의 조차가 최대) 7.6cm 소조차 4.8cm로 동해안의 다른 지역에 비해 매우 작아 해수면이 안정적으로 유지되므로 큰 배의 출입이 편리하다. 포항에 제철소가 들어서고, 경북 제1의 항구 도시로 성장한 것은 영일만이라는 지리적 입지 조건 때문이다. 그러나 영일만의 조차가 너무 작아 조류가 약하기 때문에 포항제철, 철강 산업단지, 포항시에서 배출되는 오염물질의 원활한 배출이 어렵다. 영일만으로 유입되는 오염물 처리를 잘못하면 조류가 약한 영일만의 특성상 오염물질이 해저에 쌓여 환경 오염 문제가 가중될 수도 있다.

신생대 퇴적 분지인 포항 분지의 흔적, 영일만

약 2,300만 년 전인 신생대 신 제3기 마이오세에 한반도와 일본을 양쪽에서 잡아당기는 지각운동으로 지각이 갈라져 낮아진 자리에 바닷물이 들어와 현재의 동해가 형성되었다. 동해를 형성한 지각운동의 영향으로 포항 땅도 수많은 단층에 의해 갈라지고 낮아져 주변에서 토사가 쌓이는 퇴적 분지가 되었다. 지질학에서 포항 분지라 부르고, 이때 퇴적된, 두께 800m가 넘는 지층을 신생대 신 제3기 연일층군이라고 부른다. 포항지역에서 떡돌이라고 부르는 암석이 바로 신생대 신 제3기 연일층군의 퇴적암이다.

그러나 수백만 년 전부터 동해를 열리게 했던 지각운동의 방향이 반전되어, 한반도와 일본을 양쪽에서 미는 압축력으로 바뀌면서 포항 일대는 다시 융기하고 있다. 동해가 다시 닫히고, 일본과 한반도가 신생대 마이오세 이전처럼 하나의 땅덩어리로 합쳐질 수도 있다

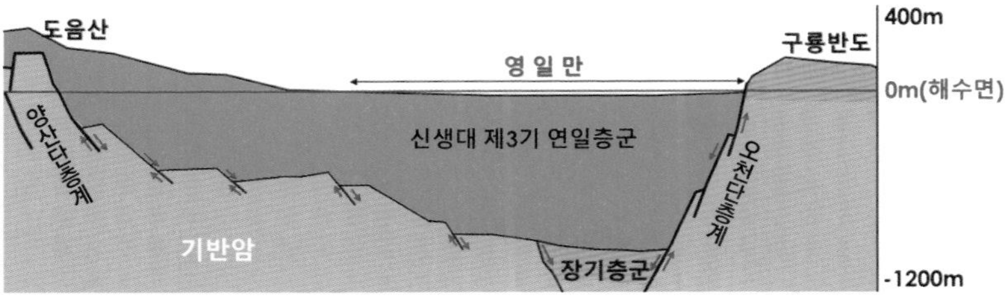

1　신생대 포항 분지 흔적을 간직한 영일만. 신생대 신 제3기 포항 분지의 퇴적층(떡돌)이 육지화되지 못한 부분이 영일만이다.

는 것이다. 영일만은 신생대 제3기 포항 분지에 퇴적되었던 제3기 연일층군의 퇴적암이 융기하는 과정에서 아직 해수면 위까지 융기하지 못한 부분이다. 그림 1은 중생대 백악기에 형성된 영일만의 기반암이, 신생대 마이오세에 형성된 많은 단층 활동으로 침강해 형성되었던 포항 분지에, 신생대 신 제3기 연일층군이 두껍게 퇴적되었다가, 다시 융기하고 있는 상황을 보여주는 단면도다. 기반암에 검은색 실선으로 표시된 부분은 신생대 포항 분지 형성과 관련된 단층들이고, 파란색 화살표는 단층선을 경계로 지각이 움직이는 방향을 표시한 것이다. 영일만은 그림 1 처럼 많은 단층을 형성했던 지각운동의 영향으로 ㄷ자 형태의 기본 구조가 형성된 것이다.

포항지역이 융기하고 있다는 증거는 신생대 신 제3기 연일층군의 퇴적층에 발달한 역단층(逆斷層, reverse fault)의 흔적을 통해 알 수 있다. 사진 2는 여남동 해파랑길 옆 절벽에 발달한 역단층 단면이다.

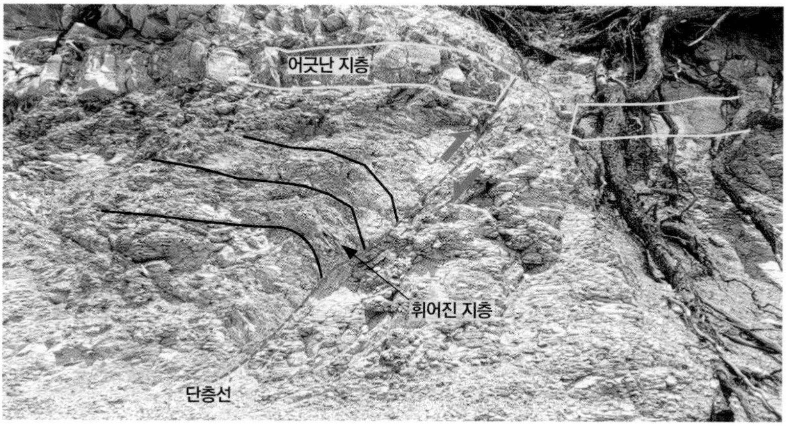

2 신생대 신 제3기 연일층군 여남층의 역단층. 지각을 양쪽에서 미는 압축력이 작용할 때 역단층이 형성된다. 연약한 떡돌 층이 아래로 끌리며 휘어진 모습이다.

단층선을 경계로 왼쪽 지층은 위로, 오른쪽 지층은 아래로 움직였다는 사실을 알 수 있다.

사진 맨 위에 지층이 단층선을 경계로 어긋나있고, 단층선에 접하는 왼쪽 지층이 아래쪽으로 휘어졌다(파란 선으로 휘어진 모습을 강조). 단층선을 경계로 두 지층이 반대로 움직이며 아직 단단한 돌로 굳어지지 못한 수평 퇴적층이 아래로 끌리는 힘으로 인해 휘어진 것이다. 역단층은 지각을 양쪽에서 미는 압축력이 작용할 때 형성된다. 그림 1과 포항지역 곳곳에서 볼 수 있는 역단층의 흔적을 통해, 신생대 제3기 층이 분포하는 포항지역이 전체적으로 융기하고 있음을 알 수 있다. 또한, 최근 지질학 연구에서도 동북동-서남서 방향의 압축력이 작용해, 한반도 남동부 동해안(포항, 경주, 울산)이 융기하고 있다는 연구 결과와도 일치한다.

석호의 추억을 간직한 영일대해수욕장

영일대해수욕장은 북부해수욕장으로 불리다 해안가에 영일대라는 정자를 세운 후 현재의 이름이 되었다. 부산 도심과 가까운 광안리해수욕장처럼, 포항 도심과 가깝고 잘 정비된 백사장과 산책길 그리고, 해수욕장을 따라 들어선 음식점, 카페들이 자리해 여가를 즐기기에 좋은 곳이다.

3 영일대해수욕장 전경. 도심 가까이에 자리한 영일대해수욕장은 포항시민의 소중한 휴식 공간이다.

영일대해수욕장의 해변을 따라 상가와 고층 건물이 늘어선 모습이다. 복잡한 도심과 가까운 이런 해수욕장은 도시민들에게 휴식처를 제공하는 힐링의 공간이고, 경제적 가치와 생태적 가치도 매우 크다.

도심 근처에 영일대해수욕장 같은 자연 지형이 있다는 것 자체만으로도 포항시민에게는 큰 축복이자 행운이다.

4 영일대해수욕장 전경

영일대해수욕장이 자리한 두호동의 석호 흔적

사진 5는 일제강점기 초기인 1913년 지도로 사람에 의해 거의 훼손되지 않은 형산강 하구 모래 해안의 원형을 볼 수 있다(파란색 선). 지도에는 영일대해수욕장에서 현재의 동빈내항 입구까지 모래 해안이 이어져 있다(지도의 검은 점 = 모래). 현재 포항 영일만에 자리한 영일대해수욕장, 송도해수욕장, 도구해수욕장은 형산강이 실어 온 모래를 공급받던 해안이었다.

그러나 영일대해수욕장 바로 아래 형산강 하구가 포항항으로 개발되며 방파제가 건설돼 영일대해수욕장과 분리되었고 포항제철건설로 송도와 도구해수욕장도 분리된 것이다. 일제강점기부터 형산

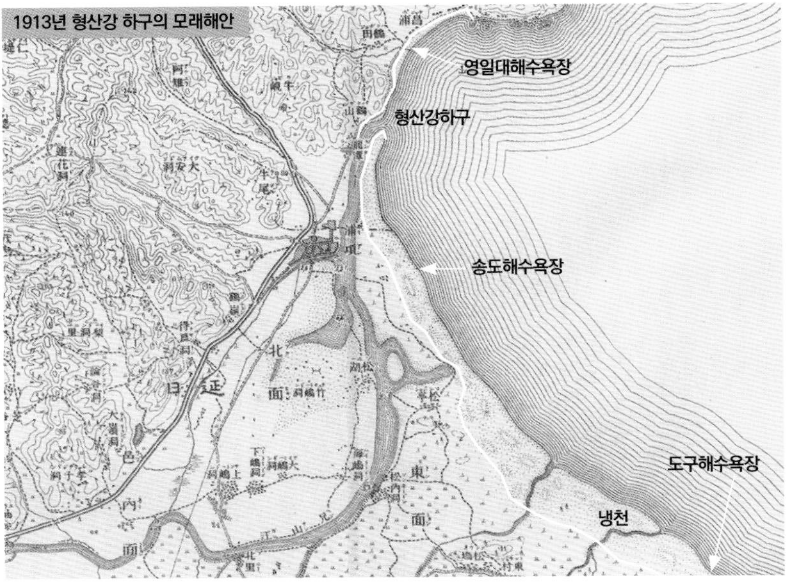

5 형산강 하구의 모래 해안

강 삼각주가 개발되기 시작해 자연 지형이 변하기 시작하였고, 1970년대 포항제철이 입지 하면서 포항시가지가 주변으로 빠르게 확장했다. 이 과정에서 각종 개발사업으로 형산강 하구의 모래 해안이 원래보다 축소되고 오늘날처럼 세 개의 해수욕장으로 따로 분리된 것이다. 1913년 지도에 형산강 하구의 영일만은 영일대~송도~도구해수욕장까지 11km가 넘는 거대한 모래 해안을 이루고 있었으나, 포항제철 건립에 따른 해안매립과 개발, 포항의 빠른 도시화로 인해, 현재는 세 개의 해수욕장이 섬처럼 따로 떨어져 자리하게 되었다.

영일대해수욕장이 자리한 두호(斗湖)동이라는 지명은 이곳이 원래 호수가 있었다는 지리적 사실을 담고 있다. 포항의 지명 중 호수 호(湖)자가 들어가는 두호, 아호(지금의 항구동), 환호를 3호라 하고, 섬도(島)가 들어가는 5곳을 5도라고 한다. 5도라는 지명은 형산강 삼각주 개척과정에서 탄생한 지명이고, 3호는 석호에서 유래된 지명으로 추정된다. 일제강점기인 1917년 지도에 두호천 주변에 논이 분포하고, 하구에 작은 석호가 표시되어 있다. 석호는 하천의 하구가 모래의 퇴적으로 형성된 사주에 의해 막혀 형성되는 호수라, 크기와 위치의 변동이 잦은 지형이다.

6 두호천 하구의 석호. 1917년 지도에 두호천 하구에 석호가 표시되어 있다. 희망고개가 있던 영일산은 1983년 택지 개발로 통째로 사라졌다.

최후빙하기가 끝나고 지구가 온난화되면서, 100m 넘게 낮아졌던 해수면이 현재와 같은 수준으로 상승하며, 빙하기 때 육지였던 곳이 바닷물에 의해 침수돼 새로운 해안선이 형성된다. 현재 포항 해안의 구릉 사이에 자리한 낮은 골짜기들은 이때 바닷물이 드나들던 작은 만이었다. 이후 골짜기를 흐르는 하천이 운반한 토사와 골짜기(만) 주변에서 빗물에 침식된 토사가 서서히 만을 메꾸게 된다. 이 과정에서 만의 입구에 진흙보다 입자가 굵은 모래가 쌓이게 되고, 쌓인 모래가 두호천 하구를 막아 석호가 형성되었다. 석호가 형성된 이후에도 두호천과 주변 구릉에서 공급되는 토사로 인해 석호는 서서히 메워지게 됐다.

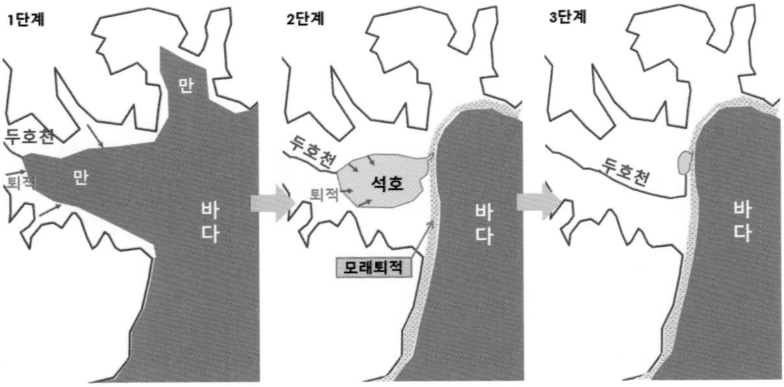

7 두호동 석호의 형성과정. 1단계 : 빙하기 후 해수면의 상승으로 두호천 골짜기에 만 형성.
2단계 : 두호천의 퇴적작용으로, 만이 매립되고 만 입구의 사주에 의해 석호 형성.
3단계 : 퇴적작용과 인간의 개발로 석호가 거의 사라지게 되었다.

석호는 자연 상태에서도 하천의 퇴적작용에 의해 규모가 작아지다 결국 사라지는 지형이라 토사의 운반량이 큰 하천일수록 석호의 유지 기간이 짧다. 역설적이게도 토사의 운반량이 적은 하천 하구에 자리한 석호가 오래 유지된다. 석호인 강릉 경포대의 경호도 조선시대 크기의 1/3로 축소되었고, 그나마 경호로 흘러드는 하천 물길을 돌려 퇴적작용을 인위적으로 차단하여 유지되고 있다.

두호동 석호는 사람이 거주하며 석호가 자리한 두호천 골짜기를 논으로 개간했고, 갈대가 우거진 석호 주변 습지도 농경지로 바꾸었다. 석호는 서서히 메워졌고 포항시의 확장으로 새로운 시가지가 자리하며 아예 사라지고 말았다. 그러나 과거 석호였던 시절의 흔적은 두호동 시가지 땅속에 갯벌층으로 남아있을 것이다. 1970년대 사진에서 석호에 퇴적되었던 갯벌의 흔적이 사진으로 남아있다. 두호천이 운반한 고운 진흙은 석호처럼 파랑의 영향을 받지 않는 조용한 환경에서 천천히 가라앉아 갯벌이 된다. 파랑이 강하면 고운 진흙은 먼 바다로 이동된다.

두호동 일대는 떡돌로 불리는 신생대 제3기 연일층군 두호층의 셰일이 분포하는 지역이다. 셰일은 진흙이 굳어서 된 암석이라 풍화되면 진흙이 되기 때문에 두호천 하구의 석호에 갯펄을 공급할 수 있다. 다음 사진에 1975년 영일대해수욕장과 두호동이 나와 있다. 백사장 뒤에 자리한 농경지에 1917년 지도에 표시되었던 석호가 자리했을 것으로 추정된다. 1973년 두호동 농경지 사진에 나와 있는 갯벌은 이곳에 석호가 있었음을 증명하는 또 하나의 증거다.

8 1970년대 영일대해수욕장과 두호동의 논과 갯벌. 갯벌은 모래 해안 뒤에 석호가 형성되면 호수에 진흙이 침전되어 형성된다. 갯벌은 농경지가 원래 석호였다는 확실한 증거다.

해안침식이 진행 중인 영일대해수욕장

경상북도가 발표했던 '2016년 연안침식 실태조사'용역 결과에 따르면 포항 영일대해수욕장은 침식이 심각한 단계인 D등급으로 지속적인 모래 유실이 발생한 것으로 조사되는 등 연안 침식에서 안심할 수 없는 곳으로 알려졌다. 영일대해수욕장이 모래 공급이 부족한 해안이 된 이유는 두 가지로 추정된다. 첫째, 또 다른 모래 공급처였던 형산강 북하구는 일제강점기 이후 포항항이 되어 모래를 공급하지 못한다. 둘째, 아래 지도에서 보듯이 1963년 지도엔 영일대해수욕장으로 모래를 공급하는 주요 하천인 두호천 유역이 개발되지 않은 녹지대로 남아있었다. 그러나 2021년 현재 두호천 유역은 대부분 시가지로 개발되어 지표가 아스팔트와 시멘트로 덮였다. 1963년처럼 녹지대일 때는 신생대 신 제3기 연일층군 두호층의 셰일과 사암(砂岩,

9 두호천 유역의 도시화와 사라진 희망고개(영일산). 영일대해수욕장 뒤편 낮은 산은 1983년 택지로 개발돼 사라졌다.

sandstone)이 풍화되고 침식되면서 입자가 고운 모래가 두호천에 풍부하게 공급됐으나, 현재 포장된 시가지 환경에서는 모래의 공급이 크게 줄어들 수밖에 없다.

두호천 유역이 도시화 되는 과정에서 학산동과 두호동 사이에 있던 작은 산이 통째로 사라지기도 했다. 1936년 일제강점기 포항 지도에 영일산으로 기록된 작은 산에 희망고개가 있었는데, 1983년 포항시가지 확장에 따른 택지 개발로 사라지고, 그 자리에 두호롯데아파트를 비롯한 대규모 아파트 단지가 들어섰다. 떡돌로 불리는 두호층의 퇴적암은 무른 암석이라 포크레인이나 불도저 같은 중장비로 쉽게 파지므로, 두호층이 분포하는 구릉은 각종 개발을 하기 좋다. 결국 산을 통째로 밀어내고 택지로 개발해 현재는 흔적도 없다. 사라진 희망고개는 공업도시 포항의 빠른 성장과 도시화를 증명하는 상징적인 지형이다. 영일대해수욕장 모래 공급량이 크게 줄어 침식이 진행되고 있는 가장 큰 이유는 두호천 유역의 도시화가 가장 큰 원인으로 추정된다.

10 포항 도시화의 상징 영일산(희망고개). 포항의 시가지 개발과정에서 세 개의 산이 통째로 사라지고 현재 두호롯데아파트를 비롯한 대규모 아파트 단지가 자리하고 있다.

형산강 삼각주와 동빈내항

영일만으로 흘러드는 형산강은 규모가 작은 하천이지만, 조차가 작은 영일만의 수리적 조건 때문에 동해안에서 가장 큰 삼각주를 형성하였다. 형산강 삼각주에는 포항시의 중심 시가지가 자리한다. 삼각주가 형성되는 과정에서 하천은 유로(물길)가 자주 바뀌고 여러 갈래로 갈라지는 경향을 보인다. 형산강도 삼각주를 형성하는 과정에서 여러 차례 물길이 바뀌었다는 사실을 18세기와 19세기에 제작된 조선시대의 고지도와 일제강점기에서 현대에 이르기까지 제작된 구지도를 통해 알 수 있다. 삼각주 지역은 지형변화가 매우 심한 지역이라, 장마철 큰 홍수가 발생해도 유로가 바뀌고 강 하구의 모래톱이 있다가 사라지거나, 없다가 갑자기 새로 생기기도 한다.

동해안처럼 파랑에너지가 강한 해안으로 흘러드는 하천의 하구에는 파랑과 연안류에 의해 만이나 하천의 입구를 가로막은 사주(沙洲, 모래 둑)가 잘 형성된다. 형산강 하구에도 삼각주가 확대되는 과정에서 모래가 쌓여 긴 사주가 형성되었는데, 현재의 송도가 사주에 해당한다. 형산강과 칠성강이 합류하는 하구 부근에 길게 형성된 사주(송도)가 영일만 밖에서 오는 파랑을 막아주는 자연 방파제 역할을 했기 때문에 배를 댈 수 있었고, 포항 창진을 거쳐 포항항이 현재의 위치에 형성된 것이다. 모래 해안이 단순히 해수욕장으로 이용되는 것은 아니다. 형산강 하구의 사주는 자연 방파제로써 포항항을 존재하게 하는 중요한 해안 퇴적지형이다. 조선 후기 포항창진과 포진 그리고 일제강점기 포항항(동빈내항)은 지리적으로 칠성강과 형산강이 합류하고, 사주(현재의 송도)가 파도를 막아 배가 접안할 수 있는 지점에 세워졌다.

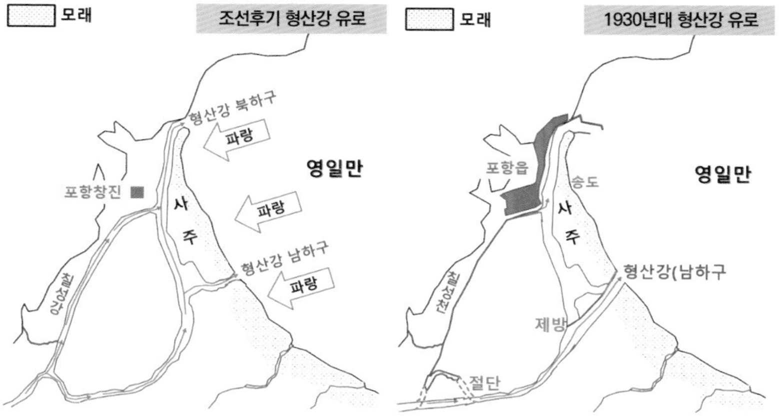

11 형산강의 인위적인 유로 변화와 포항항(동빈내항). 조선시대와 달리 1930년대 형산강개수사업을 통해 형산강은 남하구로 흘러나가고, 북하구는 주로 항구로 기능하게 되었다. 형산강 유로 변화를 나타내기 위해 1963년 지형도를 활용하여 단순하게 표현하였다.

'포항항에 배를 넣을 수 있는 곳은 남빈과 동빈 일대의 형산강 하구였다. 이 하구는 북하구와 남하구 두 개로 나뉘어 있었으나 매년 형산강이 범람하면 쓸려 내려온 토사가 가득 쌓여 배의 출입이 불가능했으므로 포항 사람들에게 이보다 더 큰 골칫거리는 없었다'라는, 일제강점기의 기록을 통해 포항 영일만 해안에서 배를 댈 수 있는 유일한 곳이 사주가 파도를 막아주는 형산강 북하구(동빈 내항) 일대였음을 알 수 있다. 일제는 장마와 폭풍우의 영향을 받는 형산강 북하구를 자연재해로부터 안전한 항구로 만들기 위해 1914년부터 항만공사를 했다. 1931년 일제에 의해 시작된 형산강 개수공사는 1935년에 완공되었다. 형산강 남하구의 사주를 가로지르는 직강 공사로 인해, 북하구와 남하구 두 군데를 통해 영일만으로 유입하던 형산강이 현재의 유로인 남하구 한 곳으로만 유입하게 되었다. 1935년 형산강 개수공사 이후 형산강의 북하구는 칠성천과 주변의 작은 하천만 흘러들게 되고, 일제에 의해 북하구 입구에 방파제가 축조됨으로써 형산강 물이 바다로 흘러나가는 하구의 역할 보다, 본격적인 항구로 기능하게 된 것이다. 사진은 1930년대 포항항의 모습으로, 멀리 희미하게 보이는 능선이 구룡반도이고, 북하구 동쪽에 형성된 현재의 송도(사주)가 영일만의 파랑을 막아주는 자연 방파제라는 사실을 알 수 있다. 형산강의 물이 영일만으로 흘러나가는 두 군데 하구 중 북쪽에 자리한 북하구(동빈 내항)가 항구 역할을 할 수 있었던 것은 사주가 파랑을 막아주기 때문이다. 사진 12에는 오늘날의 송도해수욕장에서 도구해수욕장으로 이어지는 긴 모래 해안이 희미하게 보인다.

12 1930년대 형산강 북하구(동빈내항). 영일만의 파랑을 사주(송도)가 막아주기 때문에 형산강 북하구는 조선시대부터 항구 기능을 할 수 있었다.

또한 형산강이 효자동 앞에서 곡류하던 구간도 직강 공사로 곧게 펴지고, 옛 물길이 호수로 남게 되었다. 1963년 지형도에 구강(舊江=옛 물길)이라고 기록된 지형으로 현재는 일부가 남아 뱃머리못으로 불리고 있다.

포항제철을 사이에 두고 나뉘어진 송도해수욕장과 도구해수욕장

형산강 하구에 퇴적된 모래는 송도에서 동해면 도구해수욕장까지 9km가 넘는 모래 해안을 형성했다. 물론 형산강 이외에도 냉천과 같은 작은 하천도 영일만의 모래 해안형성에 지원군 역할을 했다. 사진 13에서 1918년 지도에 형산강 하구에서 도구해수욕장에 이르는, 거의 훼손되지 않은 자연 상태의 대규모 모래 해안이 표시되어 있다. 그러나 2021년 현재 지도에는 형산강 하구에 건설된 포항제철소로 인해 모래 해안이 끊겨 남북으로 나뉘었고, 포항제철소 건설과 포항

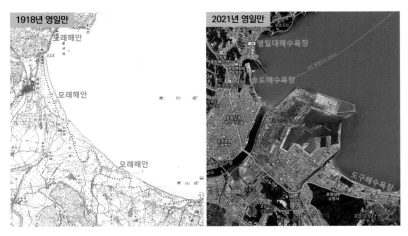

13 일제강점기와 현재 영일만의 모래 해안. 100년이 넘는 기간 동안 형산강 하구의 삼각주와 영일만의 해안 지형이 포항시가지 성장으로 크게 변화되었다.

시의 성장에 따른 각종 개발사업으로 인해 모래 해안이 상당 부분 파괴되었음을 알 수 있다.

1910년대

사진 14는 1910년대 지도로, 제작 시기가 불과 5년 차이를 보이지만, 형산강의 유로에 변화가 나타났고, 그 영향으로 모래 해안도 변화되었음을 잘 보여주고 있다. 1872년 포항진 지도에 형산강과 비슷한 크기로 표시되었던 칠성강은 1913년 지도에는 형산강보다 훨씬 규모가 작게 표시되었다. 1918년에는 1913년에 비해 칠성강은 작은 하천으로 규모가 더 축소되었고, 형산강이 영일만으로 흘러나가는 하구가 한 곳에서 두 곳으로 변했다. 즉, 원래 형산강 물이 흘러나가던 북하구 아래 남쪽에 사주를 가로질러 영일만으로 형산강 물이 흘

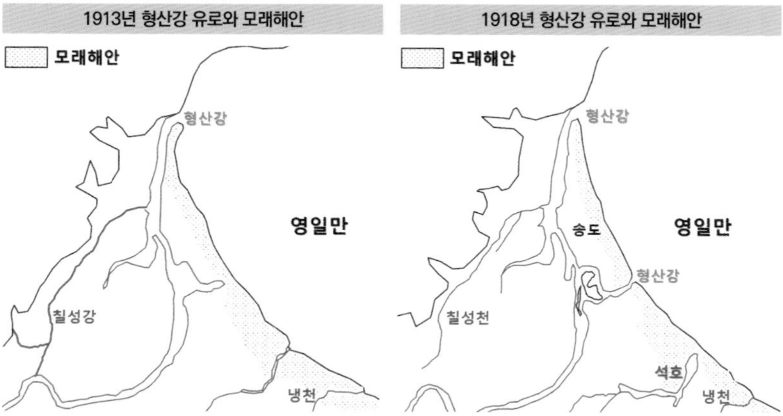

14 일제강점기 초기 형산강 유로와 모래 해안의 변화. 불과 5년 사이에 유로와 모래 해안의 지형이 변할 정도로 강과 바다가 만나 삼각주가 형성되는 강 하구는 지형변화가 매우 심한 곳이다

러나가는 남하구가 새로 형성된 것이다. 형산강 남하구가 형성됨으로써 남쪽의 모래 해안과 끊어진 사주는 섬이 되었는데, 일제강점기 향도(向島)라 불렸고, 현재는 송도로 불리는 모래섬이 형성돼 있다.

1913년 지도에 냉천 옆에 하천이 있었는데, 1918년 지도에는 하천의 입구가 사주로 막혀, 새로운 호수가 형성되었다. 하천의 입구가 사주로 막혀 바다와 분리돼 형성된 호수를 석호라고 한다. 형산강 삼각주가 바다로 확장되어 나가는 전초기지라고 할 수 있는 사주는 자연 상태에서 변화무쌍한 지형이다. 형산강이 공급하는 모래의 양은, 비가 많이 내려 유량이 증가하는 여름철에 최대가 되고, 유량이 가장 적은 겨울철이 최소가 된다. 형산강이 공급하는 모래양의 변화와 모래를 해안에 퇴적시키는 파랑과 연안류의 방향, 강도 등이 매년 달라지기 때문에, 모래 해안의 모양과 형태도 자주 변하게 된다. 1913년과 1918년 지도는 강 하구에 형성되는 삼각주와 모래 해안이 변화가 심한 지형이라는 사실을 잘 보여준다.

일제강점기~1960년대

사진 15의 지도는 일제강점기인 1927년 지도와 대한민국에서 제작된 1963년 지형도에 나타난 형산강 유로와 모래 해안의 변화를 비교한 것이다. 1927년 지도에 나타난 형산강은 위에서 설명한 1918년 지도에 표시되었던 형산강 유로의 모습과 다르다. 형산강 남하구가 모래섬을 경계로 두 줄기로 갈라져 있고, 냉천과 형산강 사이에 석호가 새로 형성되었다. 9년 사이에 형산강 하구 유로와 모래 해안에 변화가 발생한 것이다. 칠성천은 더 축소되었고, 형산강은 효자동 남쪽

에서 자연스럽게 곡류하고 있다. 1963년 지도에는 형산강이 남하구 한곳을 통해 영일만으로 흘러들고, 효자동 앞에서 곡류하던 구간이 사라지고 곡류 흔적은 구강이라 표시되었다. 이렇게 형산강 유로가 변한 것은 위에서 설명한 대로 1931~1935년 일제가 형산강개수공사를 완공했기 때문이다. 송도해수욕장과 형산강 하구에서 냉천에 이르는 지역도 석호가 사라졌고, 모래 해안의 규모가 해변으로 축소되었다. 이런 지형변화는 일제강점기 이후 형산강 삼각주와 사주가 사람의 거주지와 농경지(논, 밭)로 개발되어왔음을 의미한다. 우리나라 해안의 석호와 습지는 일찍부터 대부분 논으로 개간된 사례가 많다.

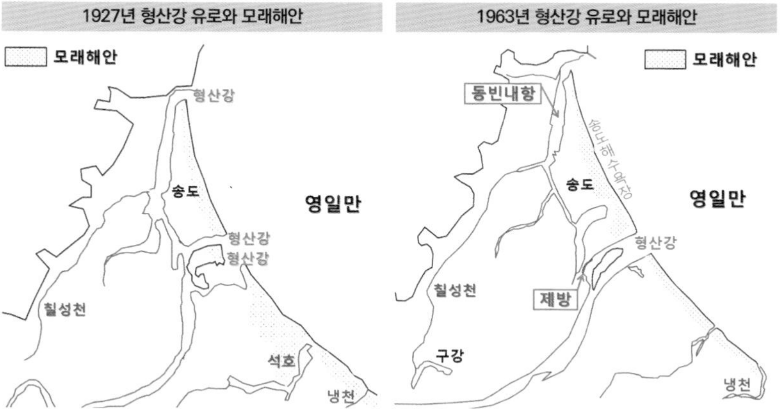

15 1927년과 1963년 형산강 유로와 모래 해안. 1930~1950년대의 지도자료가 없어 일제의 형산강개수공사로 인한 변화를 표시할 수 없는 한계가 있다.

사진 16은 일제강점기인 1930년 송도해수욕장의 모습이다. 형산강 북하구에 자리한 송도는 일제강점기 향도로 불렸던 해안 퇴적지형인 사주다. 1935년 완공된 형산강 개수공사로 형산강이 남하구 한곳으로 흐르게 됨으로써, 송도는 북하구와 남하구 사이에 자리한 모래섬

16 1930년 송도해수욕장. 사진 하단에 흰색 글씨로 포항향도해수욕장이라고 되어 있다.

17 1960년 송도해수욕장

이 되었다. 포항항이 된 형산강 북하구를 제외하면 거의 개발이 되지 않은 자연 상태의 해안이었기 때문에 송도에 공급되는 모래의 양에는 큰 변화가 없었을 것이다.

1960년 송도해수욕장 사진은 모래 해안에 인위적인 개입이 거의 없었던 자연 상태의 모래 해안을 보여주고 있다. 일제강점기 인위적으로 형산강 유로를 남하구로 돌리는 공사를 했지만, 형산강이 공급하는 풍부한 모래가 송도해수욕장의 큰 백사장을 만들고 유지하기에 충분했던 것 같다.

포항제철의 건설과 포항시가지 확장기

형산강 하구 모래 해안에 가장 큰 변화를 초래한 것은 포항제철소 건설이다. 대한민국의 빠른 경제성장의 견인차였던 포항제철의 건설과 확장은 형산강 하구에 자리한 모래 해안의 형태를 근본적으로 변화시켰을 뿐만 아니라, 송도해수욕장, 도구해수욕장, 백사장의 모래가 침식으로 사라지는 환경 변화를 초래했다. 사진 18의 지도를 보면 1983년에 비해 2015년 형산강 하구 모래 해안의 해안선 형태가 크게 변화되었음을 알 수 있다. 포항제철과 포항시의 급속한 성장 과정에서 도시의 확장과 개발로 인해 많은 습지와 백사장이 사라지게 됨으로써 형산강 삼각주와 모래 해안도 이전 모습과 크게 달라졌다.

모래 해안은 지형 환경 변화에 민감한 지형이다. 사진 19는 송도해수욕장으로, 형산강 건너에 포항제철소가 자리해 있다. 사진에 보이는 송도해수욕장 백사장은 모래의 공급이 매우 풍부한 해안처럼 보인다. 백사장 끝에서 상당한 거리의 바다까지, 모래가 보이고 수심이

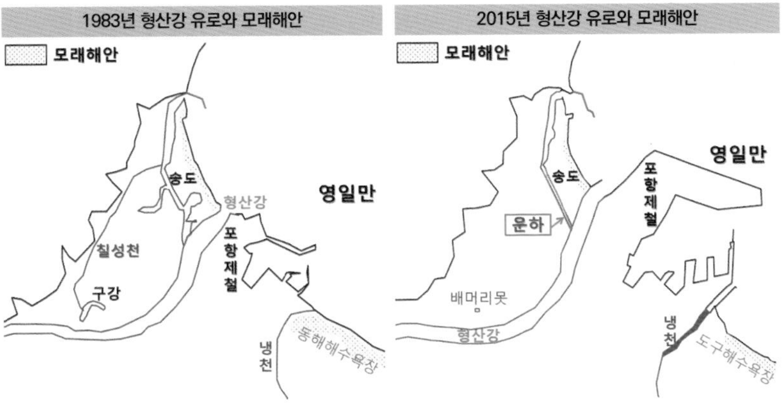

18 포항제철의 확장에 따른 해안선의 변화

얕아 사람들이 해안에서 멀리까지 나가 해수욕을 하고 있다. 백사장 뒤에 상가가 형성되었고, 상가 뒤에 일제강점기부터 조성된 방풍림인 소나무 숲이 자리했다.

19 1975년 송도해수욕장. 송도는 이때까지만 해도 모래 공급이 풍부한 해안 모습이다.

한때 송도해수욕장은 너비 70m, 길이 3km에 이르는 규모였고, 포항의 도심과 가까운 대표적인 해수욕장이었으나 포항제철의 건설과 확장에 따른 해안매립으로 인한 지형 환경 변화로, 백사장이 침식되어 2007년 폐장되었다. 사진 20은 공급되는 모래보다 파랑의 침식으로 유실되는 모래가 많아 백사장이 완전히 사라진 송도해수욕장의 처참한 모습이다. 파도를 막아주던 백사장이 사라지자 거센 파도가 상가까지 올라왔고, 이를 막기 위해 돌을 넣은 가마니를 백사장이었던 곳에 쌓아뒀다.

20 1979년 송도해수욕장. 해안침식으로 백사장이 완전히 사라지고 피서객으로 붐볐을 상가 앞까지 파도가 몰아치고 있다.

모래 해안은 사람에게 아름다운 경관과 휴식처를 제공하고, 모래에 서식하는 수많은 생물의 생활 터전이 되는 중요한 해안 퇴적지형이라, 전 세계 국가들이 많은 관심을 기울이고 있다. 포항지방해양수산청에 따르면, 2013년부터 연안정비사업을 통해 송도해수욕장 백사장을 복원하기 위한 양빈(모래 보충) 사업이 진행돼왔다. 그러나 원래 자연 하천인 형산강이 해야 할 일을 사람이 대신하는 송도 백사장 모래 보충 사업은, 땜질식 처방이지 근본적인 대책이 되기 어렵다. 사진 21은 2021년 2월에 촬영한 송도해수욕장 사진이다. 파랑의 침식으로 양빈을 한 백사장이 심하게 침식되고 있다. 모래의 유실을 막으려고 형산강 하구 쪽으로 그로인(groyne)을 몇 군데 설치했으나 큰 효과는 없어 보인다. 송도해수욕장의 모래 공급원인 형산강에서 공급되는 모래의 양과 파랑의 침식으로 유실되는 모래의 양이 불균형 상태이기 때문에 양빈만으로 송도해수욕장의 백사장을 되살리기는 어려울듯하다.

부산 해운대해수욕장도 모래 공급처인 수영강과의 연결이 끊어져 모래 유실로 해수욕장이 사라질 위기에 처하자, 매년 막대한 돈을 들

21 송도해수욕장 백사장의 침식 현상. 많은 사업비를 투자해 양빈을 하고, 모래 유실을 막기 위해 그로인을 설치했으나, 공급되는 모래보다 바다로 유실되는 모래가 많아 침식이 발생한다.

여 해수욕장 개장 전에 양빈을 하고 있는 실정이다. 막대한 관광수입원인 해운대해수욕장이 사라진다면, 이에 기대어 살아가는 수 많은 사람들의 생활 터전이 사라지게 될 것이다.

모래 해안의 침식은 송도해수욕장만의 문제는 아니다. 원인도 온난화로 인한 해수면 상승, 지나친 개발로 인한 환경파괴 등이 여러 가지 요인이 복합적으로 얽혀있다. 원인이 복잡한 만큼 모래 해안침식을 막기 위한 대책도 여러 가지 요인을 종합적으로 분석해야 답이 나온다는 것을 인식해야 한다.

원래는 송도해수욕장이 자리한 모래 해안과 연결되어 있었으나 현재는 포항제철을 사이에 두고 남쪽에는 도구해수욕장이 자리하고 있다. 1970년대 지형도에는 동해해수욕장으로 기록되어 있다. 도구해수욕장도 각종 개발로 원형이 훼손되었다. 주요 모래 공급처인 냉천은 하구에서 바다 안쪽으로 690m 길이의 삼화방파제를 연결해 모래 공급에 문제를 초래했고, 냉천 북쪽에 있던 하천은 포항제철 부지로 편입돼 아예 사라지고 없다.

22 2022년 1월 도구해수욕장. 파랑에 의해 양빈을 한 백사장이 심하게 침식된 모습이다. 해수욕장 북쪽으로 포항제철소가 보인다.

냉천 상류에 자리한 오천읍의 도시화로 인한 시멘트와 아스팔트 포장 면적의 증가도 도구해수욕장으로의 모래 공급량 감소 원인으로 보인다. 해양수산부는 2018년 4월부터 2020년까지 3년간 180억 원의 사업비를 투입해 연안 침식이 심각한 도구해수욕장에 400m 길이의 수중 방파제 1기를 설치하고 양빈을 하는 사업계획을 시행한다고 밝혔다. 도구해수욕장도 송도해수욕장처럼 각종 개발에 따른 지형 환경의 변화로 모래 공급량보다 파랑의 침식으로 유실되는 양이 많은 해안으로 변한 것이다. 냉천의 상류에 자리한 오천읍이 포항시의 신시가지로 개발되는 과정에서 아파트와 주택단지가 세워져 콘크리트와 아스팔트로 포장이 되면서 냉천에 공급되는 모래의 양이 줄어드는 환경이됐다. 농사를 짓기 위해 냉천 유로 곳곳에 설치된 보(洑), 저수지 등도 냉천에 공급되는 모래의 양이 줄어들게 하는 인공적인 건축물이다.

도구해수욕장의 뒤에 자리한 사구는 31번 국도 건설로 파괴되어

23 도구해욕장 뒤편의 편향수

원형을 찾아보기 어렵다. 바람의 영향이 강한 도구해수욕장도 바람과 모래가 날리는 것을 막기 위해 방풍림을 조성해 놨다. 방풍림으로 조성한 소나무 숲의 나무들이 해풍의 영향 때문에, 내륙 방향으로 가지를 뻗고 나무 몸통도 내륙으로 기울어진 편향수가 되었다.

우리는 후손들로부터 자연환경을 빌려와 쓰고 있다는 말이 있다. 풍요로운 경제생활을 위해 개발도 해야 하지만, 아름다운 자연환경도 잘 보존해 후손들에게 물려줘야 할 책임이 우리에게 있다. 포항제철과 포항시의 빠른 성장에 따른 개발로 훼손된 포항 영일만의 해안지형을 되살려 후손에게 물려줘야 하지 않을까? 현재의 자연환경이라도 더 이상 파괴하지 않고 보존하려는 노력이 절실해 보인다.

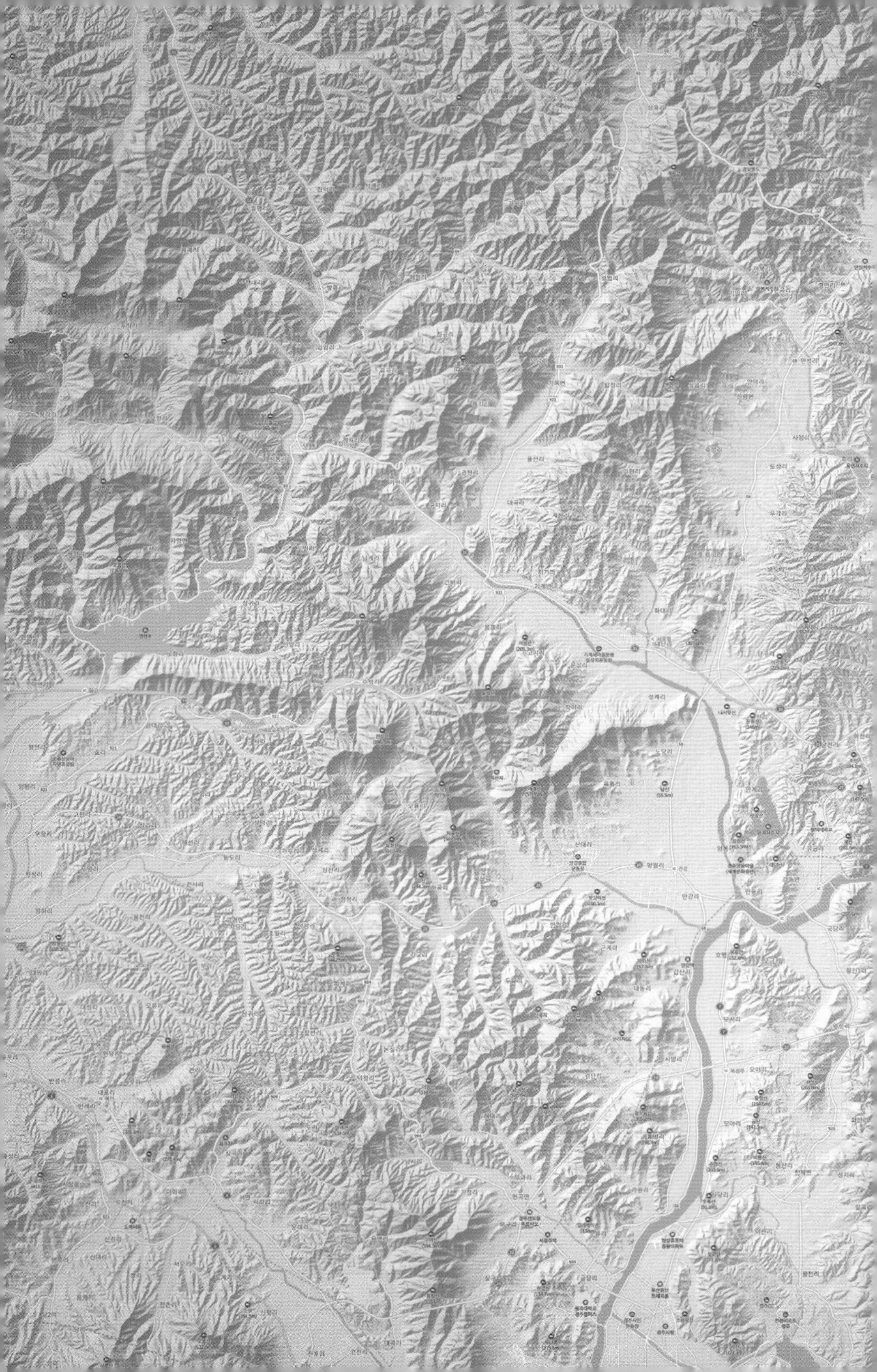

구룡반도
서쪽 해안 지형

구룡반도 동서 해안의 지형 윤곽

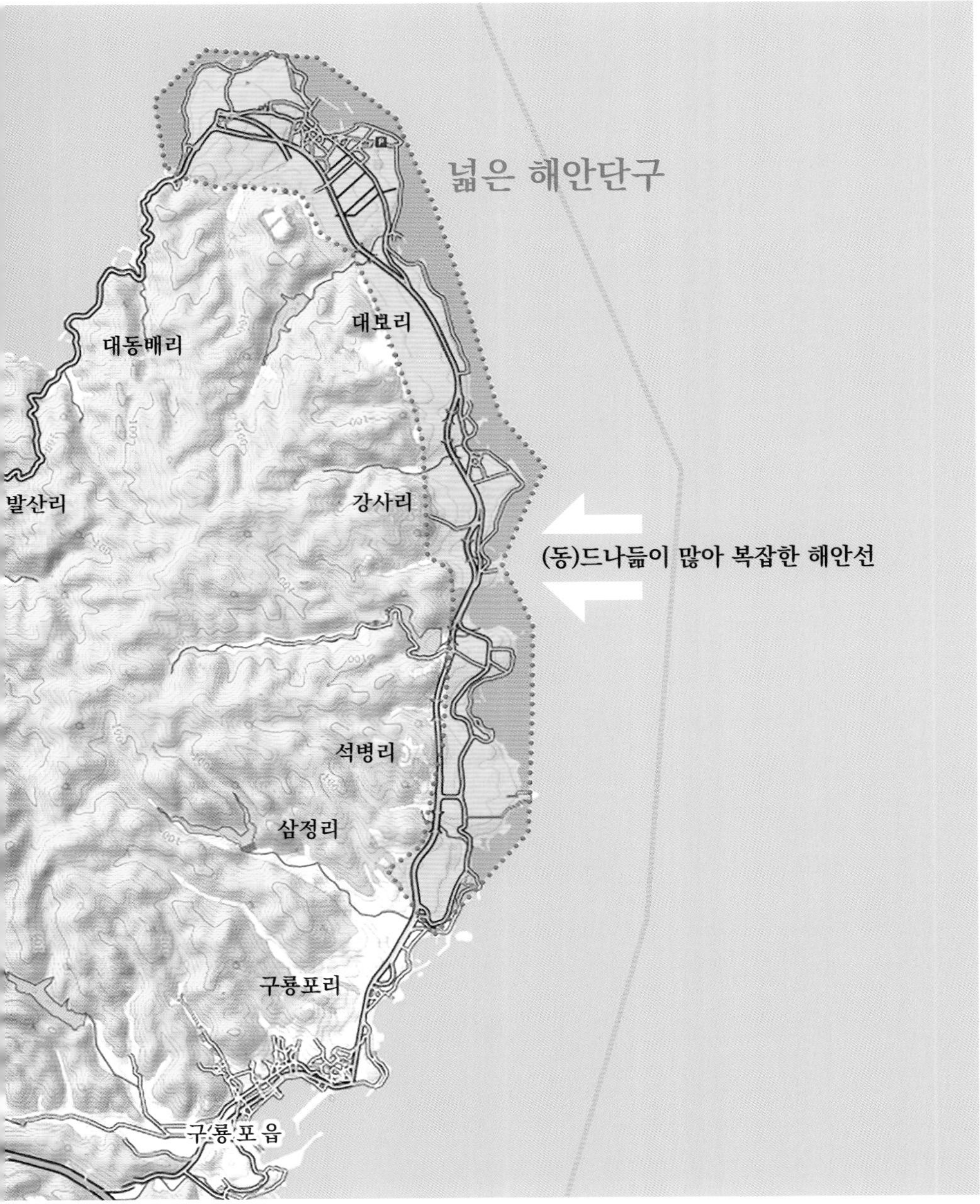
넓은 해안단구
대보리
대동배리
발산리
강사리
(동)드나듦이 많아 복잡한 해안선
석병리
삼정리
구룡포리
구룡포읍

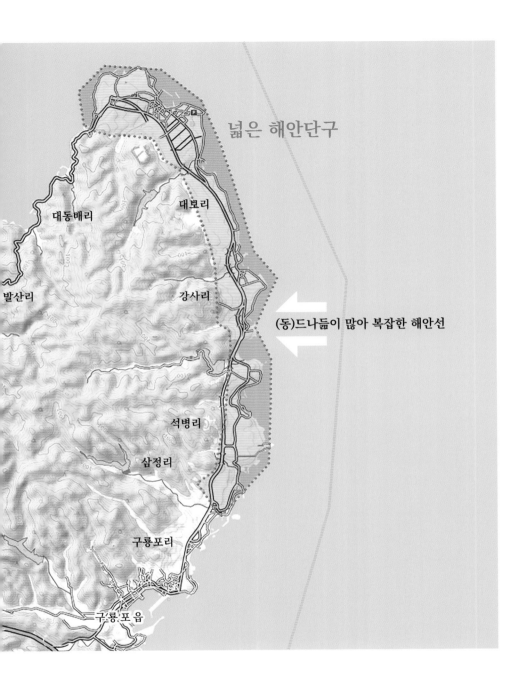

구룡반도는 대한민국 동해안에서 유일한 반도고 규모 또한 크다. 육지가 바다로 돌출한 지형의 규모가 작으면 곶, 규모가 크면 반도라고 한다. 최근에 지어진 지명인 호미곶은 구룡반도 끝자락에서 바다로 돌출한 곶이다. 구룡반도는 임곡리-입암리-마산리-흥환리-발산리-대동배리로 이어지는 서쪽 해안과 구만리-대보리-강사리-석병리-삼정리-구룡포-하정리-장길리로 이어지는 동쪽 해안의 지형적 특징이 매우 다르다.

영일만을 따라 발달한 구룡반도의 서쪽 해안은 드나듦이 작아 매우 단조로운 해안을 이루지만, 넓은 동해로 열려있는 동쪽 해안은 드나듦이 많아 상대적으로 굴곡이 심한 해안을 이룬다. 큰 만이 발달하지 않은 구룡반도 서쪽 해안에는 상대적으로 작은 어촌과 포구가 자리하고 있다. 굴곡이 심한 구룡반도 동쪽 해안의 만에는 크고 작은 항구가 자리하는데, 대보항과 구룡포항이 대표적인 항구다. 또한, 서쪽 해안은 해안단구의 발달이 미약하지만, 입암, 힌디기, 얼굴바위, 구룡소 같은 해식애가 잘 발달했고, 구룡반도 동쪽 해안은 구만리-대보리-강사리-석병리-삼정리 해안을 따라 우리나라에서 가장 규모가 큰 해안단구가 발달해 서쪽 해안과 대조적인 지형적 특징을 보인다. 구룡반도 동서 해안의 곶에는 파식대, 시스택, 해식애 같은 해안 침식지형, 만에는 자갈해안과 모래해안 같은 해안 퇴적지형이 발달했다.

중생대와 신생대의 암석이 공존하는 구룡반도

구룡반도의 암석은 가장 젊은 지질시대인 신생대 신 제3기 암석이 주로 분포한다. 신생대 제3기 암석은 신생대 초에 해당하는 신생대 고(古)제3기(6,500만년 전~2,300만년 전) 암석과 신생대 후기인 신생대 신(新)제3기(2,300만년 전~258만년 전) 암석으로 구분된다. 서쪽 해안의 대동배리와 발산리, 흥환리 일대에는 구룡반도의 암석 중 가장 오래된 지질시대인 중생대 백악기에 형성된 경상계 퇴적암이 분포한다.

구룡반도 남부 지역은 신생대 신 제3기 장기층군의 퇴적암이 주로 분포하는데, 화산활동으로 분출된 물질이 쌓여 형성된 암석이 대부분이다. 동해가 열리던 신생대 마이오세 장기 일대의 화산활동이 매우 활발했었다는 증거다. 구룡반도 북부와 동부 지역은 신생대 고 제3기에 형성된 호미곶층군의 퇴적암이 주로 분포한다. 호미곶층군의 퇴적암도 화산활동으로 분출된 물질이 쌓여 형성된 암석이 대부분이다. 호미곶층군의 암석 중 강사리각력암으로 불리는 퇴적암은 여러 종류의 화산력이 쌓여 형성된 암석으로, 구룡반도 동쪽 해안의 넓은 해안단구를 이루고 있다. 신생대 제3기 구룡반도는 화산활동이 매우 활발한 환경이었다는 사실을 분포하는 암석이 증명한다. 장기층군과 호미곶층군을 만든 신생대 고 제3기와 신 제3기의 화산활동으로 뇌성산의 뇌록, 제올라이트(불석), 벤토나이트 같은 유용한 광물자원을 형성했다.

임곡리-입암리-마산리-흥환리-발산리-대동배리로 이어지는 구룡반도 서쪽 해안은 영일만에 맞닿아 있어 구룡반도 동쪽 해안에 비해 상대적으로 파랑이 약하다. 해안까지 산이 이어져 있어, 구룡반도 동쪽 해안과 달리 해안단구의 발달도 매우 빈약하고, 규모도 작다. 해안단구가 넓게 발달해 해식애의 발달이 빈약한 동쪽 해안과 달리, 해식애가 상대적으로 잘 발달했다. 입암리의 선바우와 힌디기, 마산리의 미인바위, 발산리에서 구룡소에 이르는 해안, 대동배2리에서 구만리 얼굴바위에 이르는 해안에 파랑의 침식으로 형성된 해식애가 발달했다.

천연 콘크리트인 역암이 분포하는 입암리

입암(立岩)은 우리말로 선바위라는 의미로, 마을 해안에 기둥처럼 서 있는 바위에서 유래되었다. 경상도 사투리로 선바우라고 하고, 한자로 설립(立), 바위 암(岩)자를 써서 입암리라 하였다. 마을 이름이 특정 지형지물에서 유래되었다는 점에서 흥미롭다.

사진 1은 입암2리의 해안에 발달한 지형을 나타낸 것이다. 파랑의 침식이 활발한 곳에는 파식대, 해식애, 시스택 같은 해안 침식지형이, 파랑의 침식이 약하고 퇴적이 활발한 작은 만에는 자갈해안이 발달했다.

1 입암리의 해안 지형

입암(선바우)에서 힌디기에 이르는 곳에 해당하는 입암2리 해안에는 파식대와 해식애의 발달이 탁월하다. 또한, 해식애에는 해식동굴,

염풍화지형인 타포니도 잘 발달해 독특한 지형경관을 이루고 있다. 해식애로 이루어진 해안이라 데크를 설치하지 않았다면 아름다운 해안을 보기 어려웠을 것이다. 그러나 아이러니하게도 데크로 인해 해안 경관이 가려지는 문제도 함께 발생했다.

2 입암리 해안의 경관. 입암부터 힌디기까지 해식애를 이루고 있다.

해안 침식지형

선바우(입암)는 천연콘크리트 암석에 발달한 해식애다.

선바위가 자리한 입암2리 해안에 해식애가 잘 발달한 이유는 뭘까? 입암리 해안의 눌대리응회암은 신생대 신 제3기의 장기층군에 속하는 화산역암이 분포한다. 화산분출물이 쌓여 형성된 화산역암(lapillistone)은 입자 크기가 다양한 화산역(자갈), 모래, 화산재 등이 퇴적되어 천연 콘크리트를 이룬다. 천연 콘크리트라고 할 수 있는 화산역암은 풍화와 침식에 강한 면모를 보인다. 파랑의 침식에 강한 화산역암은 해안절벽을 이루게 되고, 입암2리의 선바위도 이렇게 형성된 해식애의 일부다. 입암리라는 마을 이름의 기원이 된 선바위 표면에 다양한 크기의 화산력과 역을 감싸고 있는 화산분출물을 볼 수 있다. 미약하지만 역암층의 기울어진 층리도 발달했다.

3 선바우(입암)

여왕바위

해식애의 윗부분에 검은색의 굵은 자갈이 쌓인 화산역층이 있어, 전체적으로 여왕의 머리 모양을 닮았다고 해서 붙여진 이름이다. 사진 아래를 잘 보면 시루떡 같은 층이 보이는데, 퇴적암에 발달하는 층리다. 퇴적물이 쌓이면서 형성되는 층리는 퇴적암이 퇴적되던 당시의 환경을 파악할 수 있는 중요한 지표 중 하나다. 사진 4의 오른쪽에 상당히 큰 자갈이 보이는데, 이런 역을 통해 당시 화산폭발의 위력을 짐작할 수 있다.

4 여왕바위. 퇴적암의 층리가 뚜렷하다.

손가락바위는 타포니다

해식애 표면의 파인 흔적이 손가락 모양을 하고 있어 붙여진 이름이다. 파랑의 침식으로 형성된 해식애 표면에 손가락 모양의 흔적은 어떻게 형성되었을까? 손가락 바위를 만든 범인은 바로 바다에서 온

5. 입암2리 해안의 손가락 바위

소금이다. 화산분출물이 퇴적되어 형성된 입암2리 해안의 화산역암은 암석 조직이 연탄재처럼 공극(미세한 틈)이 많아 바닷물이 잘 스며든다. 큰 각력을 감싸고 있는 물질과 경계부도 약한 부분이라 소금물이 잘 스며든다. 스며든 바닷물이 증발하면 암석의 공극에 소금 결정이 자라면서 암석을 풍화시켜 타포니가 형성된다. 이런 과정이 염정풍화다. 화산역암에서 역이 빠져나간 자리는 구멍이 생기고 바닷물이 더 많이, 오래 머물기 때문에 타포니가 잘 형성된다.

해안 융기의 증거, 힌디기 해식동굴

힌디기는 해식애를 구성하는 암석이 위에서 설명한 역암이 아니라 입자가 훨씬 곱고 밝은 색을 띠는 물질로 이루어진 암석이다. 해식애인 힌디기에는 파랑의 침식으로 형성된 해식동굴, 절벽 표면에 벌레가 파먹은 흔적처럼 보이는 타포니도 발달했다.

6 힌디기. 해식애에 발달한 타포니와 해식동굴

포항시에서 세운 안내문에는 '옛날 노씨가 처음 정착하여 살 때 좀 더 흥하게 되기를 바라는 뜻에서 흥덕이라 하였는데, 음이 변하여 힌덕, 힌디기로 불렸다고 알려져 있으나, 호미반도는 화산활동으로 발생한 지형으로서, 활동 중 화산 성분의 백토로 형성되어 흰 바위가 많은 흰 언덕 흰덕으로 불렸고, 흰덕에서 힌디기로 변화된 것으로 추정됨'이라고 적혀 있다. 지형적으로는 흰색 바위에서 유래된 지명으로 추정된다.

해식동굴은 해식애 중에서도 파랑의 침식에 약한 부분이 차별침식을 받아 형성된다. 힌디기의 해식동굴은 3개인데 높이가 다르다. 해식동굴의 높이 차이가 발생한 이유는 이곳 해안이 융기하고 있다는 사실을 보여주는 증거다. 해식동굴의 윗부분부터 먼저 형성된 후 해안의 융기로 현재 위치로 높아지고, 현재 파랑의 침식이 진행되는 해식애 아랫부분에 동굴이 형성되고 있다.

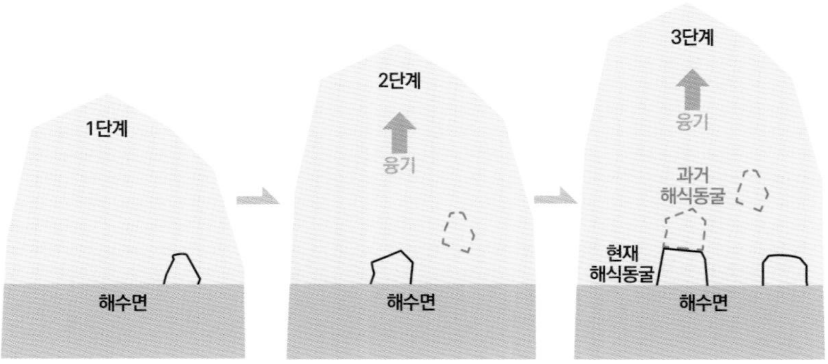

7 힌디기 해식동굴의 형성과정. 해안의 융기로 높이가 다른 해식동굴이 형성되었다.

해안 퇴적지형

해식애인 힌디기와 황옥포(한미끼) 해식애 사이의 작은 만에 길이 78m, 폭 12m 정도 되는 자갈해안이 발달했다. 해안에 퇴적된 자갈은, 화산역암을 이루고 있던 자갈(역)이 역암의 풍화로 부서져 바다로 공급됐다가 파랑에 의해 퇴적된 것이다.

8 자갈해안 전경. 해식애가 자리한 황옥포 북쪽은 마산리 해안이다.

하선대에서 미인바위까지, 마산리

마산리는 곶에 해당하는 남서쪽의 황옥포(한미끼)와 북동쪽의 미인바위는 해식애를 이루고 있고, 두 곶 사이의 만에 마산리와 마산리 포구가 자리해 있다. 남서쪽 황옥포의 해식애에는 눈향나무 군락, 황옥포 옆 자갈해안에는 시스택인 먹바우, 황옥포 정면 해상에는 시스택인 하선대가 자리해 있다.

9 입암리의 해안지형. 남쪽 곶(황옥포) 앞에 하선대, 북쪽 곶의 해식애에 미인바위가 자리해 있다.

용왕과 선녀의 전설을 간직한 하선대

포항시에서 세운 안내판에 '동해면 입암리와 마산리 경계 지점인 황옥포, 속칭 한미끼에 있는 널찍한 바위섬으로 작은 바위에 선녀가 내려와서 놀았다고 하여 하선대 또는 하잇돌이라고도 한다'라고 적혀 있다. 이곳 해안선이 원래는 바위섬(하선대)까지 닿아 있었는데 파랑의 침식으로 현재 위치까지 후퇴하는 과정에서 침식에 강한 부분이 바위섬으로 남아있게 된 것이다. 즉 하선대는 파랑의 차별침식으로 강한 부분이 바위섬으로 남아있는 시스택이다.

10 하선대는 시스택이다.

연오랑 세오녀 전설을 간직한 먹바우(검둥바위)

먹바우는 신생대 신 제3기 장기층군의 눌대리응회암에 해당하는데, 모래층과 역층이 교대로 쌓인 전형적인 퇴적암의 층리가 발달했다. 바위를 이루는 응회암의 색이 어두운 회색이라 검둥(먹)바위라 이름이 붙은 것으로 추정된다.

포항시에서 세운 안내판에 삼국유사에 나오는 연오랑 세오녀의 전설을 소개해 놓고 끝부분에 '이 검둥바위가 연오랑 세오녀를 싣고 간 배가 아닌가 생각해 본다'라고 적혀 있다. 근거 없는 추정이긴 하지만 바닷가에 홀로 서 있는 바위에 재밌는 상상력을 덧붙여 놓았다. 먹바우는 현재 자갈해안 한가운데 우뚝 서 있지만, 파랑의 침식으로 해안이 후퇴할 때 침식에 강한 부분이 남아있는 시스택이다.

과거에는 먹바우가 서 있는 곳까지 바닷물이 들어와 침식이 이루어지던 환경이었는데, 현재는 둥근 자갈이 퇴적되는 해안으로 지형 환경이 변화되었다. 먹바우는 마산리 해안이 침식에서 퇴적으로 해안의 지형 환경이 변화되었음을 알리는 중요한 지형이다.

11 먹바우. 파랑의 침식작용으로 시스택인 먹바우가 형성되고 난 후, 퇴적 환경으로 바뀌면서 모래와 자갈 쌓인 현재의 해안이 되었다.

바람이 많은 마산리 해안절벽의 눈향나무

황옥포(한미끼)와 입암리 해안의 해식애에는 눈향나무가 군락을 이루고 있어 바람이 많은 해안이라는 지리적 특징을 알 수 있다. 불굴의 의지로 바람에 적응하기 위해 절벽에 엎드려(누워) 자라는 눈향나무의 강인한 생명력을 느낄 수 있다.

12 해식애와 눈향나무

해식애와 타포니가 만든 미인바위

눌대리응회암 중 밝은 회색과 갈색을 띠는 응회암이 파랑의 침식으로 해식애가 형성되었다. 그리고 염정풍화를 받아 해식애에 타포니가 형성돼 현재의 지형이 되었다. 미인바위라는 이름이 붙은 이유는 입암리에서 마산리의 먹바우에 이르는 해안의 응회암은 표면이 어둡고 매우 거친데 비해, 미인바위를 이루는 응회암은 표면이 상대적으로 부드럽고 밝은색이며, 바위 표면에 발달한 타포니가 옆에서 보면 목이 긴 미인 얼굴 형태를 하고 있기 때문이다. 바위 표면에 넓게 발달한 타포니도 미인바위를 전체적으로 부드럽게 보이는 효과가 있다.

13 곶에 자리한 전망대와 미인바위. 해식애 표면에 큰 타포니가 발달했다.

14 미인바위(검은 점선 내부가 미인 형상). 응회암의 표면이 밝은색이고, 응회암을 구성하는 자갈 입자가 상대적으로 작아 표면이 부드럽게 보인다.

암석분포가 복잡한 흥환리

마산리와 발산리 사이에 자리한 흥환리에는 흥환간이해수욕장과 주상절리가 있다. 흥환리는 암석 분포가 매우 복잡하다. 중생대 백악기 발산리층, 신생대 신 제3기 눌대리응회암, 연일현무암, 중흥동층으로 불리는 4가지 암석이 분포한다.

마산리와의 경계에 자리한 흥환간이해수욕장 남서쪽 곶의 바위에 전망대가 설치되어 있는데, 전망대 아래 주상절리가 발달했다. 발산리와 주상절리가 자리한 곶 사이의 만에 흥환간이해수욕장이 자리했다.

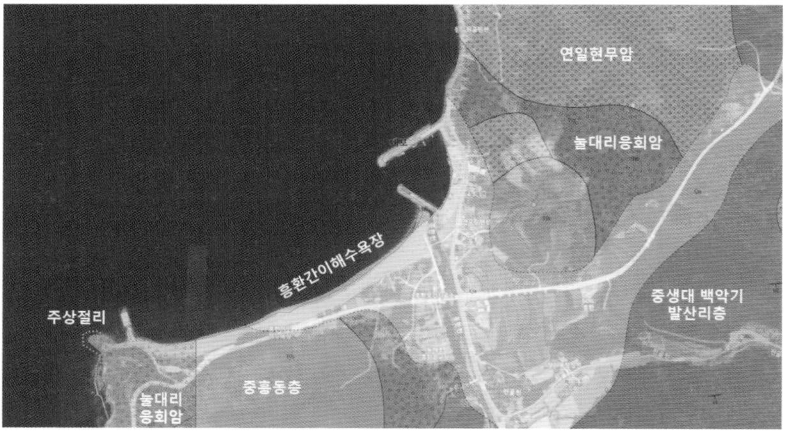

15 흥환리의 복잡한 암석구조. 좁은 해안에 4가지 종류의 암석이 분포한다.

모래해안과 자갈해안이 공존하는 흥환간이해수욕장

흥환천이 흘러드는 북동쪽은 모래해안을 이루고 있으나, 주상절리가 발달한 남서쪽 곶으로 가까워질수록 자갈해안으로 바뀐다. 모래해안과 자갈해안의 2중 구조를 보이는 흔치 않은 해수욕장이다. 자갈과 모래해안이 공존하는 원인은 흥환리의 복잡한 지질구조 덕분이다. 모래해안이 형성된 원인은 흥환천이 연일현무암과 중생대 백악기 발산리층이 풍화되며 나온 모래를 실어오기 때문이다. 해수욕장 남서쪽에 자갈해안이 형성된 이유는 해안에 분포하는 중흥동층에서 자갈이 대량으로 공급된 덕분이다. 중흥동층은 역암과 사암이 퇴적된 층으로 구만리 까구리개에 자리한 독수리바위에서 잘 나타난다. 풍화와 침식에 상대적으로 약한 중흥동층에서 많은 역이 해안으로 공급되는 것이다. 흥환간이해수욕장 자갈해안에 쌓여있는 화산암 역은 색깔도 매우 다양하다.

16 흥환간이해수욕장 전경과 자갈. 주상절리가 발달한 남서쪽 곶에서 촬영한 경관이다.

남서쪽 곶에 발달한 주상절리(군상, 群像)

마산리와 경계에 자리한 남서쪽 곶에 주상절리가 파랑의 침식을 견디고 남아 작은 돔(dome) 지형을 이루고 있고, 그 위에 전망대가 있다. 무심코 바라보면 전망대 아래에 있는 주상절리를 그냥 지나치기 쉽다. 눌대리응회암에 발달한 주상절리가 파랑의 침식으로 틈이 벌어지고 변형돼, 전형적인 나무 기둥 모양이 아니라서 주상절리라는 생각이 들지 않는다.

그러나 분명한 주상절리 지형이다. 파랑의 침식으로 주상절리가 변형된 모습이 마치 사람들이 무리 지어 서 있는 모습과 비슷하다. 포항시에서 이 주상절리에 군상(群像)이라는 이름을 붙여놨는데, 적절한 이름인 것 같다. 군상바위 안내문에 주상절리라는 설명을 덧붙인다면 군상 바위를 보는 시선이 한층 다양해질 것이다.

17 군상바위. 전망대 아래에 발달한 주상절리다.

신랑각시바위는 전망대 뒤쪽 절벽에 기둥처럼 생긴 두 개의 바위에 붙인 이름이다. 전망대가 자리한 주상절리에서 이어진 바위로 약한 부분은 풍화와 침식으로 제거되고, 단단한 부분만 남아 바위기둥을 이루고 있는 해안가의 토르(tor) 지형이다. 주상절리의 약한 부분은 침식되고, 단단한 부분이 남아있는 토르다.

18 신랑각시바위. 주상절리에 발달한 토르 지형이다.

다양한 해안 지형의 대동배리

구룡반도의 대부분은 가장 젊은 지질시대인 신생대 고 제3기와 신제3기 층이 분포하지만, 대동배리는 구룡반도에서 가장 나이가 많은 암석인 중생대 백악기 퇴적암인 구룡소 역암이 분포한다. 젊은 암석으로 이루어진 구룡반도 내에서 가장 오래된 암석이므로, 대동배리는 젊은이들에 둘러싸인 어르신이라고 생각하면 적절하다.

구만리와 경계 부근에는 신생대 고 제3기에 관입한 상정리 유문암이 분포하는데, 수직절리와 일부 주상절리가 발달했다. 수직절리와 주상절리가 발달한 암석에는 절벽이 잘 발달하는 경향을 보이는데, 상정리 유문암이 분포하는 대동배2리와 구만리 해안에 해식애가 발달했다.

용이 살다 승천한 전설이 서린 구룡소(九龍沼)

포항시가 설치한 구룡소 안내판에 '아홉 마리의 용이 승천할 때 뚫어진 9개의 굴이 있으며, 그중에는 5리가량의 깊은 굴도 있어 유명한 수도승들이 그곳에서 수도를 하였다고 한다. 파도가 칠 때 굴의 입구로 흰 거품과 같은 바닷물이 쏟아져 나오는 모습은 마치 용이 입에서 연기를 뿜어내는 듯하고, 물을 뿜어낼 때의 우렁찬 울림소리는 천지가 진동하는 것 같아 지금도 이 구룡소를 아주 신성한 곳으로 믿고 있다(영일군사)'라고 되어 있다.

19 구룡소의 지형구조. 해안침식지형(시스택, 해식애, 마린포트홀, 파식구)의 전시장을 이루고 있다.

구룡소는 파랑의 침식작용이 활발한 곳에 자리했다. 파랑의 침식작용으로 해안이 후퇴하는 과정에서 시스택, 해식애, 마린포트홀, 파식구 등의 침식지형과 염정풍화에 의해 갯바위 표면에 타포니가 대규모로 발달했다. 구룡소는 해안침식지형과 풍화 지형을 한자리에 모아 놓은 전시장이라고 할 수 있다.

구룡소 안내판에 의하면 구룡소는 높이 40~50m 정도의 해식애로 둘러싸인, 둘레 100여m의 움푹 파여 있는 지형이다. 구룡소는 구룡소 역암이 분포하는, 곶의 약한 부분이 파랑의 침식으로 육지 쪽으로 오목하게 들어온 작은 만입(灣入)을 이루고 있다. 이 작은 만입을 구룡소라 칭하는데, 구룡소의 파식구와 파식대 표면의 마린포트홀을 용이 드나들던 굴이라고 여긴 듯하다.

20 구룡소의 파식구와 마린포트홀 군. 여러 개의 마린포트홀이 무리를 이루고 있다.

21 파식구로 밀려온 파도에 의해 물보라가 일어나는 모습

파랑으로 형성된 파식구를 따라 파도가 몰아치면 밀려온 바닷물이 해식애와 부딪혀 위로 솟구쳐 오르는데, 하얀 물보라가 일어나는 모습이 용이 입을 벌려 내뿜는 연기처럼 보인다.

구룡소는 어떻게 형성됐을까?

육지가 바다로 돌출한 곳은 파랑의 침식작용이 활발하다. 구룡소는 곳 중에서도 암석에 난 상처(갈라진 틈)인 단열 부위가 먼저 침식돼 육지 쪽으로 오목하게 들어온 작은 만입(灣入)을 이루고 있다. 바위가 갈라지거나 깨진 부분을 단열이라고 하는데, 암석의 약한 부분이라 풍화와 침식이 단열을 따라 차별적으로 먼저 진행되는 경향을 보인다. 해식애와 시스택으로 둘러싸인 작은 만입 지형이 바로 구룡소다. 구룡소가 형성되는 과정에서 파랑의 침식을 견디고 남아있는 여러 개의 시스택이 구룡소 앞에 작은 바위섬을 이루고 있다. 구룡소는 단열을 따라 진행된 파랑의 차별침식으로 형성된 작은 만입 지형이다.

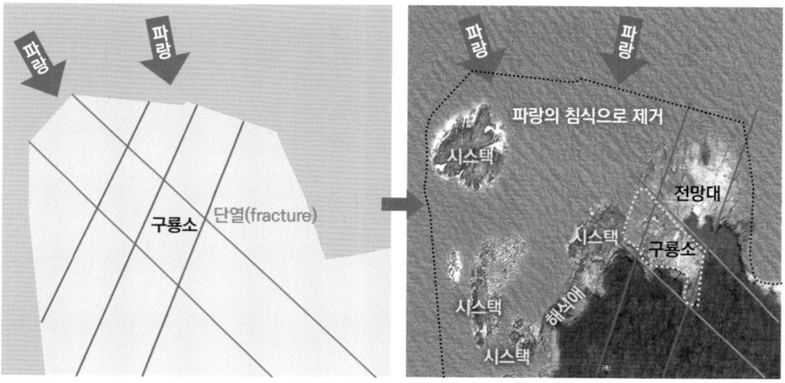

22 구룡소의 형성과정. 두 방향의 단열이 교차해 암석이 많이 부서진 부분이 주변보다 먼저 침식되어 구룡소라 부르는 만입이 형성되었다.

지각운동의 흔적을 간직한 구룡소 역암층

구룡소를 이루고 있는 역암층에는 지각운동으로 형성된 단열이 곳곳에 발달해 있다. 역암이 형성되고 난 후 발생한 지각운동에 의해 역암층 곳곳이 갈라지고 깨져 단열이 형성되는 과정에서 역암층에

박혀 있는 자갈도 동시에 깨졌다. 다음 사진은 역암층에 형성된 단열로 인해, 자갈에 금이 간 모습이 잘 나타나 있다. 이런 노두를 통해 구룡소 역암층에 많은 단열이 형성됐고, 단열을 따라 진행된 차별침식으로 구룡소가 형성되었다는 사실을 알 수 있다. 구룡소라 부르는 작은 만입 지형은 역암층 중에서 단열이 밀집된 곳이라, 단열이 없는 부분보다 빠르게 침식되어 형성된 것이다.

23 구룡소 역암층의 자갈을 쪼갠 단열

타포니 발달이 탁월한 구룡소 역암

다음 사진은 대동배리에 분포하는 중생대 백악기 퇴적암인 구룡소 역암층이다. 화산활동이 활발했던 중생대 백악기에 분출한 화산재, 화산역 등이 쌓여 형성된 역암층으로 분급과 층리가 발달하지 않았다. 그런데 포항시에서 세워 놓은 구룡소 안내판에는 현무암질 집괴암이라 표시되어, 정부 기관인 한국지질자원연구원에서 제공하는 지질자료와 다르다.

24 구룡소 역암. 퇴적암이지만 분급과 층리가 발달하지 못했다. 풍화로 역이 빠져나간 자리를 중심으로 타포니가 잘 발달한다.

구룡소 갯바위 표면에는 벌레가 판 구멍처럼 생긴 풍화혈인 타포니가 잘 발달해 있다. 구룡소 역암의 역들이 화산암 기원의 역들이고, 역을 둘러싼 물질도 화산분출물이라 암석 조직이 엉성해 바닷물이 잘 흡수된다. 흡수된 바닷물이 증발하고 암석 조직 내부에 소금 결정이 성장해, 암석이 풍화돼서 타포니가 잘 형성된다.

25 구룡소 갯바위 표면의 타포니. 사진 왼쪽의 큰 타포니와 오른쪽 바위 표면을 덮은 다양한 크기의 타포니.

주상절리와 수직절리가 발달한 해식애

대동배2리 북쪽 해안에 높이 20여m의 해식애가 발달했다. 해식애는 밝은색을 띠는 유문암이라는 암석으로 이루어졌다. 유문암(流紋岩, rhyolite)은 암석에 용암이 흐른 흔적(유동 구조)이 나타나기 때문에 붙여진 이름이다. 다음 사진은 유문암이 파랑의 침식으로 형성된 해식애 전경이다. 대동배2리의 해식애에 노출된 유문암에는 수평, 수직, 기울어진 절리, 주상절리 등 다양한 방향의 절리가 발달했다.

26 다양한 방향의 절리가 발달한 해식애

대동배2리의 주상절리

대동배2리 해식애의 바다 쪽 표면에 흥해읍 오도리나 구룡포읍 삼정리 해안의 주상절리처럼 완벽한 형태는 아니지만, 주상절리가 뚜렷하게 발달했다. 대동배2리 해식애에 발달한 주상절리는 구룡반도 서쪽 해안에서는 유일한 주상절리라 의미가 있다. 해식애 표면에 발달된 주상절리의 형태와 방향이 제각각인 것도 지형적으로는 매우 흥미로운 현상이다. 주상절리 같은 수직절리가 발달한 암석에는 절벽, 폭포 등이 잘 발달한다. 주상절리가 잘 발달한 제주도 서귀포 해안에 폭포가 많은 것처럼, 대동배2리 해안에 대규모 해식애가 발달할 수 있었던 것은 유문암에 형성된 주상절리와 수직절리의 영향으로 보인다.

27 해식애에 발달한 주상절리. 해식애 아랫부분에 작은 해식동굴이 형성되고 있다.

해식애 아래의 약한 부분은 파랑의 침식작용을 받아 작은 해식동굴이 발달했다. 해식동굴은 해식애 표면에 절리가 밀집돼 바위가 많이 갈라져 약해진 부분이 파랑의 차별침식을 받아 형성된다.

해식애의 북동쪽 사면에 발달한 절리로 대략 50°의 경사를 이루고, 매우 조밀하게 발달했다. 주상절리가 발달한 같은 해식애 면이라고 믿기 어려울 정도로 다른 모습이다. 사람과 비교해 보면 유문암에 발달한 절리와 해식애의 규모를 가늠할 수 있다.

28 경사진 절리

얼굴바위와 독수리바위가 있는 구만리

구만리는 구룡반도의 서쪽 해안과 동쪽 해안의 중간 지점에 자리했다. 방향으로 보면 구만리 해안은 구룡반도의 서쪽 해안에서 북쪽 해안에 걸쳐 있다. 구만리 서쪽 해안에는 대동배2리와 경계 부근에 얼굴바위라 부르는 해식애가 발달했고, 북쪽 해안에는 독수리바위로 불리는 시스택과 넓은 파식대 지형이 발달했다.

파랑과 바람, 풍화작용이 만든 얼굴바위

구만리와 대동배2리 경계에 자리한 얼굴바위는 파랑의 침식으로 형성된 전형적인 해식애이다. 바람과 물의 침식으로 형성된 얼굴바위는 살포시 감은 눈, 쭉 뻗은 코, 꽉 다문 입술이 사람의 옆 모습과 매우 흡사하다. 반대편에서 보면 사람 얼굴 모습은 없다. 해식애의 남동쪽(대동배2리)에서 봐야 사진 29와 같은 얼굴 모습이 나타난다.

얼굴바위 표면에는 경사진 수직절리가 발달했다. 얼굴 모양의 해식애와 주

29 얼굴바위. 해식애의 전체적인 형태가 사람 얼굴 형태다.

변 해식애 표면의 경사가 수직절리가 기울어진 경사와 일치한다. 사진 30은 얼굴 바위의 형성과정을 나타낸 것이다. 수평절리와 수직절리를 따라 진행된 파랑의 침식작용으로 해식애가 후퇴하는 과정에서 얼굴바위가 형성되었음을 알 수 있다.

30 얼굴 바위의 형성과정. 절리를 따라 진행된 파랑의 침식작용으로 해식애가 후퇴해 얼굴 바위가 형성되었다.

파랑이 해식애 아래를 침식해 움푹 파이면 중력에 의해 수직절리를 따라 해식애의 윗부분의 절벽이 무너져 내리게 된다. 해식애의 바위 표면이 수직절리와 수평절리를 따라 풍화되는 과정에서 단단한 부분은 남고, 약한 부분은 먼저 풍화되어 눈, 코, 입 모양이 형성되었다. 파랑의 침식과 풍화, 중력의 작용이 함께 작용해 마침내, 해식애는 육지 쪽으로 후퇴하고 그 과정에서 얼굴 바위가 탄생한 것이다. 수직절리와 주상절리가 발달한 암석에는 절벽이 잘 발달한다는 사실이 얼굴 바위에서 그대로 증명된다.

독수리바위는 시스택이다

구룡반도 북쪽 해안가에 파랑의 침식으로 형성된 독수리 바위가 있다. 포항시 안내판에는 구만리 일대에 넓게 발달한 바다 계단(해안단구) 입구를 지키는 상징물로 묘사해 놨다. 물과 바람이 신생대 신제3기 연일층군의 중흥동층 퇴적암을 침식해 형성된 바위로 단단한 부분이 파랑의 침식을 견디고 남아있는 시스택 지형이다.

31 독수리 바위. 역암, 사암이 호층을 이룬다. 중흥동 층은 구룡반도의 암석 중 가장 젊다.

구룡반도 북쪽 해안에 자리한 독수리 바위 일대는 바람이 많이 불어 파랑의 침식이 매우 활발한 환경이다. 독수리 바위 앞바다에 바위가 솟아있고, 수심이 얕아 바닥이 훤히 보이는 부분이 파랑의 침식으로 평탄해진 파식대다. 파식대의 규모가 매우 큰데, 파랑의 침식작용이 활발한 해안이라는 의미다.

32 독수리 바위와 파식대

독수리 바위가 발달한 해안은 신생대 신 제3기 연일층군(떡돌)의 중흥동층으로 구룡반도에 분포하는 암석 중 가장 젊은 암석이다. 중흥동층은 바다에서 퇴적된 퇴적암이라 층리의 구분이 뚜렷하고 반고결 상태다. 반고결 상태란 아주 단단한 암석이 되지 못했다는 의미다. 독수리 바위는 입자가 굵은 자갈이 퇴적된 역암층과 모래가 퇴적된 사암층이 교대로 쌓여(호층)있다. 퇴적층은 북서쪽으로 기울어져 있다.

독수리 바위를 이루는 중흥동층은 역암층이 사암층보다 파랑의 침식에 강하다. 두 암층 간 차별침식으로 독수리 모양 시스택의 전체적인 모양이 형성되고, 염정풍화에 의해 시스택에 여러 형태의 타포니가 형성돼 구체적인 독수리 바위가 만들어졌다. 파랑의 차별침식과 염정풍화가 결합해 독수리 바위를 완성한 것이다.

그림 33은 지각의 융기와 파랑의 침식으로 해안단구와 파식대가 형성되고, 파식대가 형성되는 과정에서 암석의 단단한 부분이 파랑

의 침식을 견디고 남아 독수리바위가 형성되는 지형 형성과정을 나타낸 것이다. 독수리바위가 있는 현재의 파식대가 몇 만 년 후 융기하면 현재 사람이 거주하고 있는 것과 같은 구만리 해안단구가 된다.

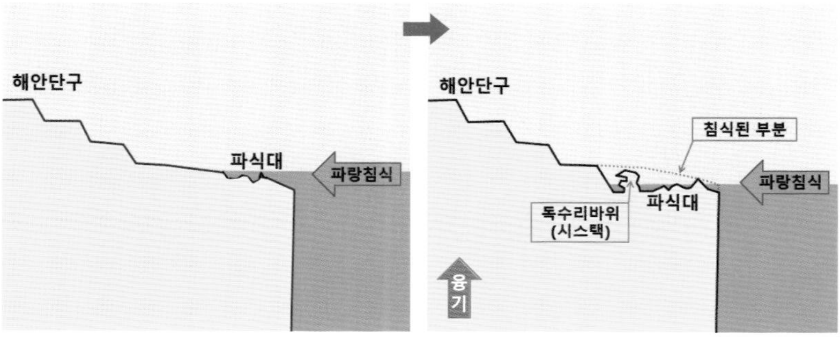

33 독수리 바위의 형성과정

구룡반도 동쪽 해안 지형

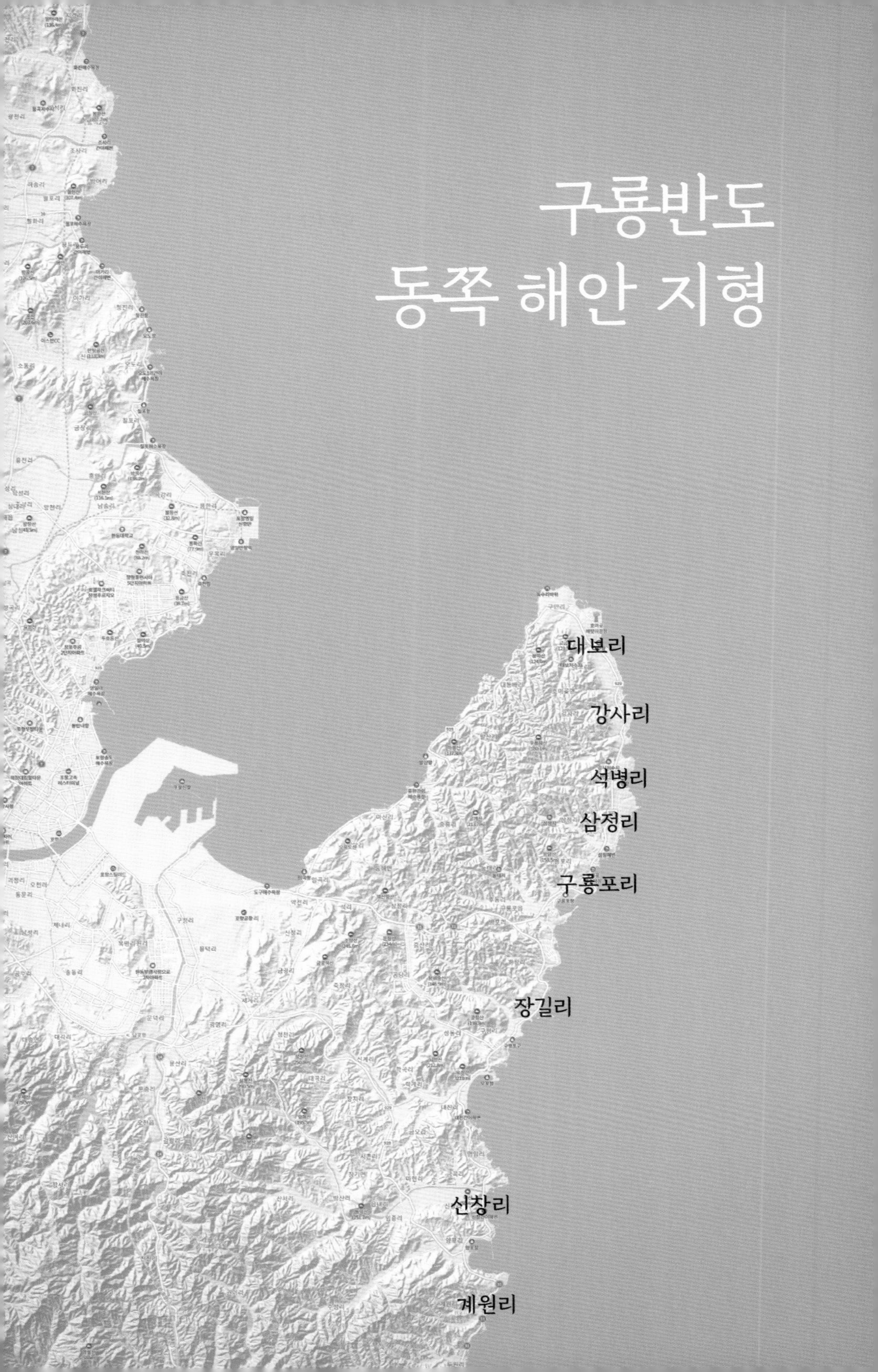

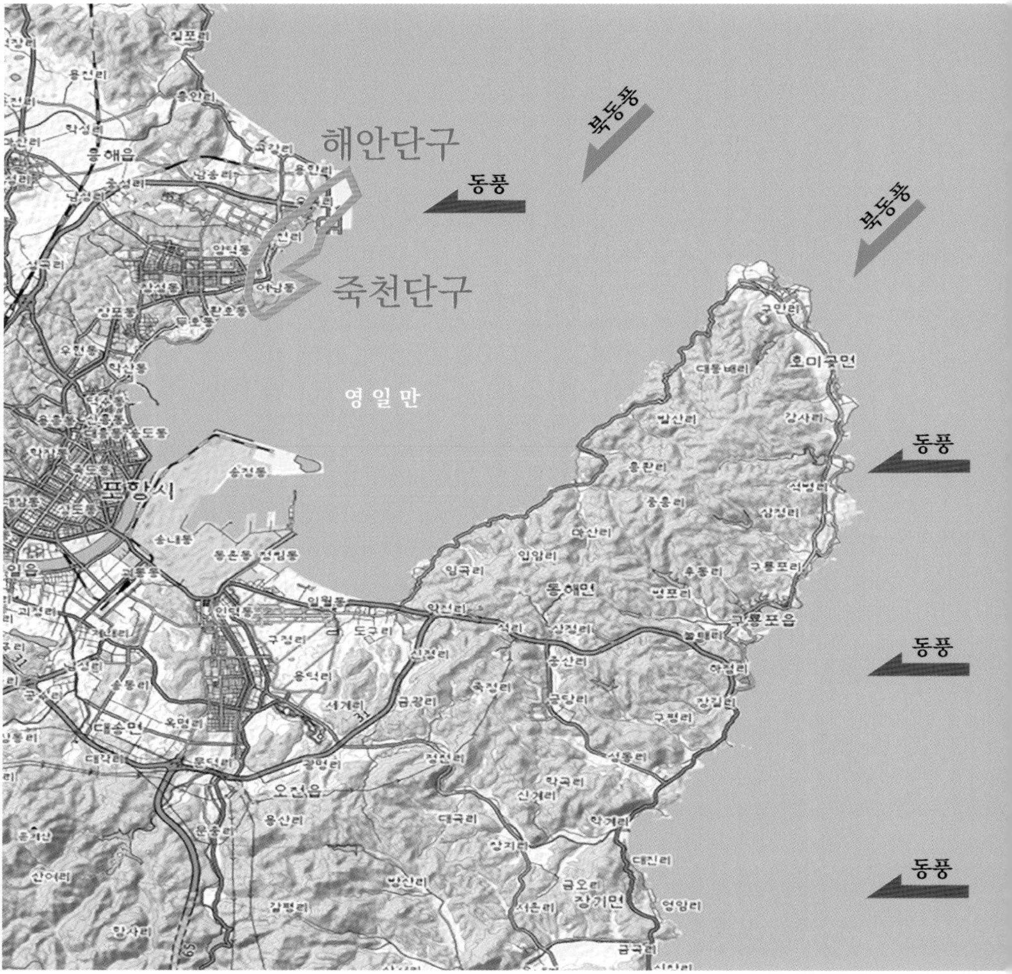

해안단구
죽천단구
동풍
북동풍
북동풍
영일만
포항시
흥해읍
호미곶면
동해면
구룡포읍
오천읍
대송면
장기면
동풍
동풍
동풍

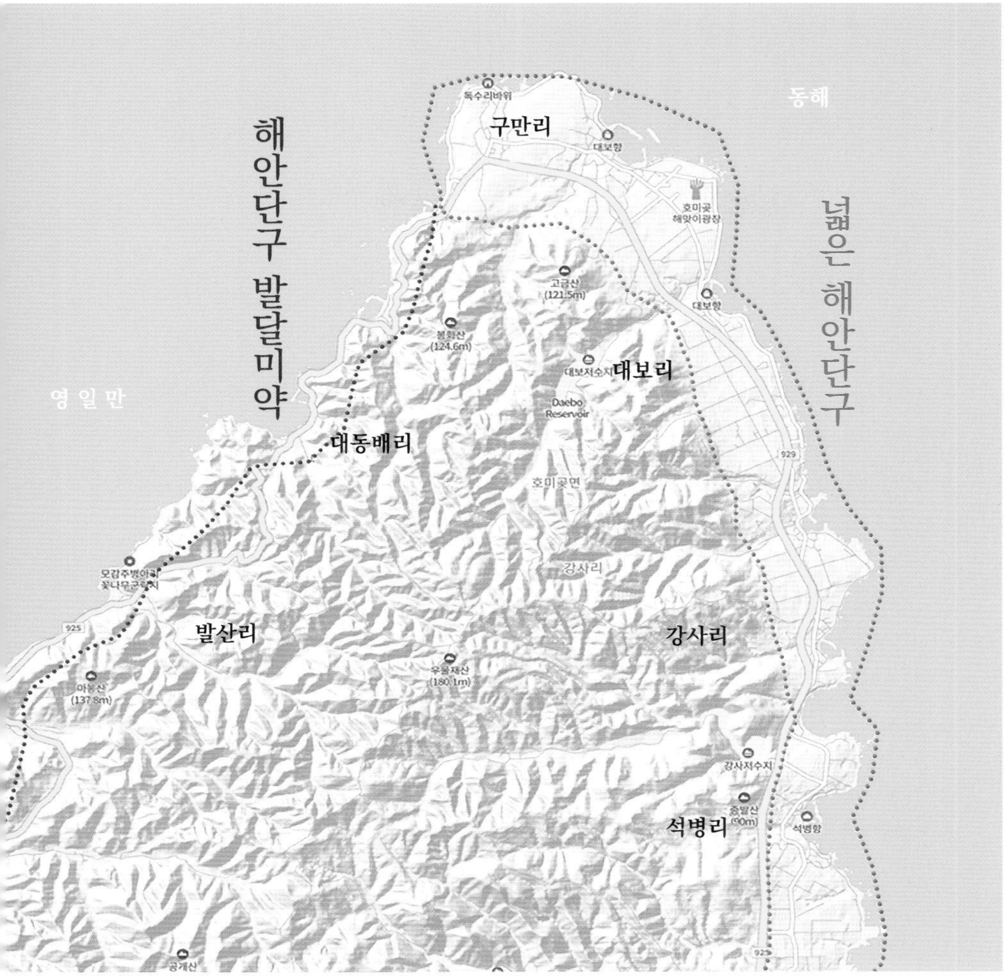

구룡반도 동쪽 해안과 서쪽 해안의 해안단구 비교.
바람이 강해 파랑의 침식이 활발한 동쪽 해안에 우리나라 최대규모의 해안단구가 발달했다.

구만리 지나 대보리-강사리-석병리-삼정리-구룡포로 이어지는 구룡반도 동쪽 해안이 서쪽 해안과 지형적 특징이 다른 이유는 무엇일까? 가장 큰 원인은 해안 지형 형성에 가장 큰 영향을 주는 바람이 강하다는 점이다. 동해로 열려있는 구룡반도의 동쪽 해안은 사계절 동해에서 불어오는 동풍과 북동풍의 영향으로 발생하는 강한 파랑의 침식작용을 받는 해안이다. 특히, 여름철 태풍이 대한 해협을 거쳐 동해상으로 진출할 때 동해안에는 강한 북동풍과 너울성 파도가 해안으로 밀려와 활발한 침식작용이 일어나고, 해일 피해가 발생한다.

바람이 구룡반도 동서 해안의 지형적 차이를 초래하다.

구룡반도 동쪽 해안에 대규모 해안단구가 발달한 원인은 사계절 해안으로 불어오는 동풍에 의해 발생하는 강한 파랑의 해안 침식작용이다. 샛바람으로 불리는 동풍은 사계절 동해에서 구룡반도 동쪽 해안으로 불어온다. 이곳에 분포하는 호미곶층군과 장기층군은 암석의 구조와 풍화 특성이 서로 다른 여러 종류의 암석으로 다시 나누어진다. 구만리-대보리-강사리-석병리-삼정리 해안을 따라 발달한 큰 규모의 해안단구는 신생대 고 제3기의 강사리강력암과 신생대 신 제3기의 연일현무암, 두일포안산암이 분포한다.

구룡반도 서쪽 해안의 대동배2리와 구룡반도 동쪽 해안의 석병리는 동일하게 신생대 고 제3기의 봉화응회암이 분포하지만, 해안단구의 발달 모습은 전혀 다르다. 동쪽 해안에 자리한 석병리는 폭이 대략 900m에 달하는 대규모의 해안단구가 발달했지만, 대동배리는 해안단구의 발달을 확인하기 어렵다. 구룡반도 동쪽 해안의 해안단구가 암석의 종류와 관계없이 암석 차를 초월해 발달했다는 사실은, 해안 단구의 형성이 암석 차보다는 강한 파랑의 침식작용이 더 큰 영향을 끼쳤음을 의미한다. 구룡반도 서쪽 해안보다 동쪽 해안의 굴곡이 심한 것도, 동풍의 영향을 많이 받아 침식이 활발하기 때문으로 보인다.

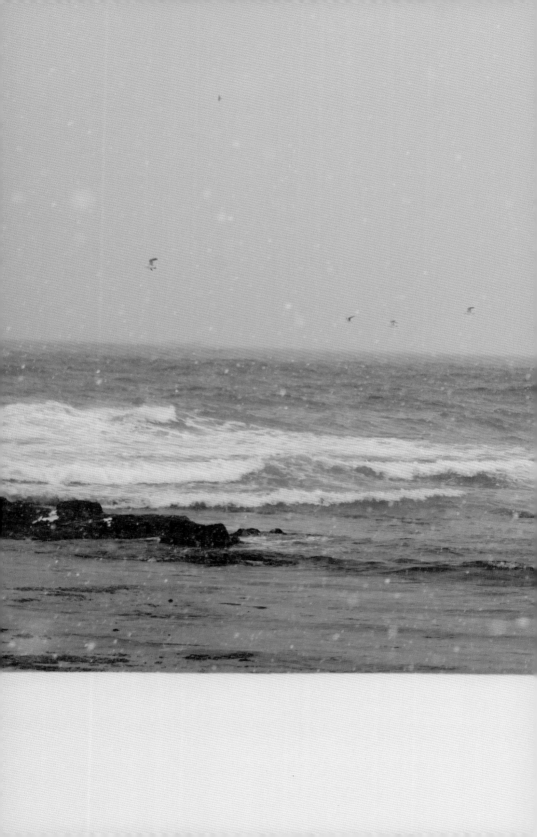

상생의손 (사진. 안성용)

전국에서 가장 규모가 큰 해안단구, 대보리-강사리

해안단구는 해수면보다 높은 계단 모양의 평탄한 지형을 의미한다. 산지가 해안 가까이 자리해 평야가 발달하지 못한 동해안에서 해안단구는 사람이 거주할 수 있는 매우 중요한 지형이다. 구룡반도 동해안에는 구만리-대보리-강사리 해안을 따라 해발고도 10~35m 사이에 길이 약 5.5km, 폭 0,6km 정도의 평탄한 해안단구가 대규모로 발달해 있다. 구만리에서 해안단구의 최대 폭은 대략 1.3km 정도다. 석병리-삼정리 지역의 해안단구도 길이 대략 2.2km, 최대폭은 900여 m에 달한다. 구룡반도 동해안에 발달한 해안단구는 대한민국에서 가장 규모가 크다.

파랑의 침식과 지각의 융기가 만든 해안단구

그림 1은 구룡반도 동쪽 해안의 대규모 해안단구 형성과정을 도식화 한 것이다. 강한 파랑의 침식작용을 받아 형성된 파식대가 지각의 융기로 해안단구가 형성된다. 오랜 기간 파랑의 침식과 지각의 융기가 반복되면 해안가에 해발고도가 다른 계단 모양의 평탄한 해안단구가 형성된다. 기존의 연구에 따르면 구룡반도 동쪽 해안의 해안단구는 4단을 이루고 있는 것으로 밝혀졌다. 독수리바위 안내판에 해안단구를 바다 계단이라 적어놨다. 계단 모양의 평탄한 해안단구를 순 우리 말로 표현한 것이지만, 해안단구의 형성과정을 설명해

놓지 않아 지형을 잘 모르는 일반인들이 제대로 이해할 수 있을지 우려된다.

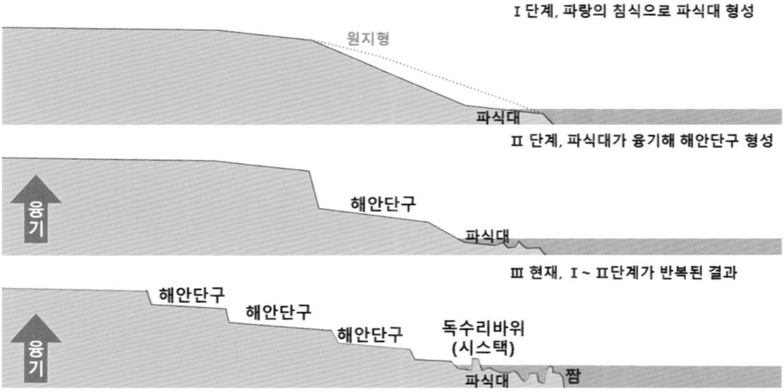

1 구룡반도 해안단구의 형성과정

융기의 증거 - 해안단구 퇴적층

구룡반도가 자리한 한반도 동해안은 현재도 융기하는 해안이다. 해수면에서 파랑의 침식으로 형성된 파식대가 수십 미터 높은 곳에 자리한 해안단구가 되었다는 것은 구룡반도 해안이 융기해안이라는 가장 강력한 증거다. 해안단구가 4단으로 되어 있다는 것은 구룡반도 해안이 지속적으로 융기하고 있음을 의미한다. 과거의 해안이 융기해 해안단구가 되었다는 사실은 사진 2와 같은 해안단구 퇴적층을 통해 알 수 있다. 기반암인 장기층군이 파랑의 침식으로 평탄해지고, 그 위에 파랑의 침식을 받아 형성된 둥근 자갈이 퇴적되었다. 융기하는 과정에서 해안의 모래가 바람에 날려와 해안단구역 층 위에 쌓여 사구를 형성했다. 현재의 해안에서 형성되고 있는 사구가 아니라, 과거 이곳이 해수면 높이에 있던 시대에 형성된 사구 모래층이라 고(古) 사구 층이란 이름을 붙인 것이다.

2 구만리의 해안단구 퇴적층

해안단구의 토지 이용

구룡반도 동쪽 해안에 상대적으로 규모가 큰 구룡포와 대보항이 자리하고, 해맞이 광장 같은 대규모 관광시설이 들어설 수 있는 이유는 넓은 해안단구가 해안 가까이 발달했기 때문이다. 넓은 해안단구에서 생산되는 농산물이 상대적으로 많은 인구를 부양할 수 있고, 사람의 거주 공간을 제공해준 덕이다.

사진 3은 드론으로 강사리에서 구만리 방향으로 촬영한 해안단구 전경이다. 현재 모습을 보고 믿기 어렵지만, 사진 왼쪽의 산지와 해

안단구(농경지) 사이의 급사면은 과거 파랑의 침식을 받았던 해안절벽(해식애) 이다. 과거의 해안선은 융기해 현재 해발고도 50m를 이루고 있다. 구룡포로 이어지는 4차선 도로의 오른쪽 소나무 숲이 있는 자리가 가장 최근에 형성된 해안단구로 해발 10m 정도다. 해안가에 파도가 하얗게 부서지는 부근까지 파랑의 침식으로 형성된 파식대가 자리하고 있으며, 그 유명한 상생의 손도 파식대에 있다.

4개의 해안단구 면을 이루고 있지만 경지 정리로 인해 각 해안단구 면을 구별하는 것은 거의 불가능하다. 산에서 바다 쪽으로 완만하게 경사져 있어, 고도가 다른 단구 면이 존재했었음을 추정할 수 있을 뿐이다. 해안단구는 도로, 농경지, 마을이 자리한다는, 지리 교과서의 내용을 사진 3을 통해 알 수 있다.

3 구만리-대보리-강사리에 이르는 해안단구(사진 제공. 김석용)

시대에 따라 변화하는 토지이용

1960년대 지도(사진 4)를 보면 구만리에서 석병리에 이르는 해안단구는 대부분 밭농사 위주였다. 우리나라 연평균강수량보다 강수량이 적은 경북 동해안에서 큰 하천이 없는 해안단구는 밭농사를 지을 수밖에 없었다. '대보 처녀는 시집갈 때까지 쌀 서 말을 못 먹는다'라는 말이 나올 정도로 대보와 구만리 해안단구는 밭농사가 중심이었던 곳이다.

지도를 자세히 보면 대보리, 강사리, 삼정리처럼 작은 하천 변에서 논 표시가 되어 있다. 1970년대 박정희 정부의 새마을운동과 농경지 확장정책에 힘입어 대보저수지, 강사저수지, 삼정저수지가 축조되고, 경지 정리가 이루어진 후 해안단구의 토지가 대부분 논으로 전환되었다. 사회, 경제적 여건이 바뀌면 토지 이용도 변화한다.

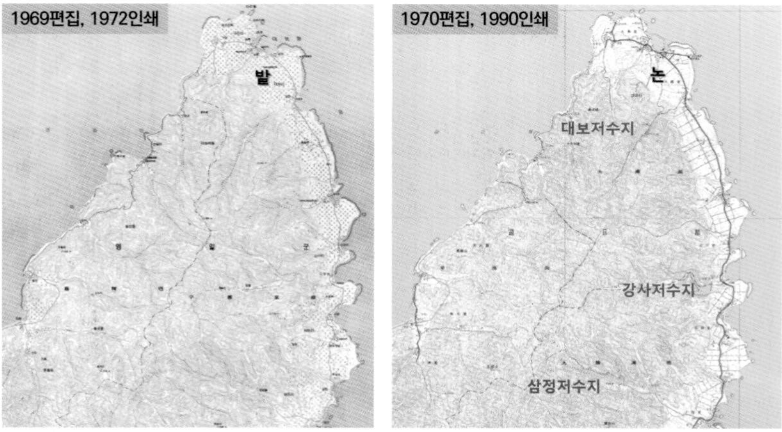

4 시대에 따른 해안단구의 토지 이용 변화. 1960년대 말까지 밭으로 이용되다, 1970년대 해안단구 배후 산지 골짜기에 3개의 저수지가 축조된 후 논으로 전환되었다.

해안단구가 관광자원으로!

한때 구만리 해안단구의 20만 평 논에 심은 푸른 보리밭은 전국적으로 널리 알려졌던 풍경이다. 구만리 청보리밭은 주로 쌀보리가 주종으로, 1970년대 식량 자급을 위해 가을에 벼를 수확하고 파종해 이듬해 늦은 봄에 보리를 수확했다. 이런 재배방식을 그루갈이라고 하는데, 겨울이 상대적으로 따뜻한 중남부지방(충청, 경상, 전라)에서 주로 행해졌다. 사진 5의 청보리밭은 부족한 쌀을 보조해주던 식량용이 아닌, 호미곶을 찾는 관광객의 볼거리로 재배되고 있다.

5 구만리 청보리밭

사진 6은 보리밭이었던 곳이 유채밭으로 바뀐 구만리 해안단구의 모습이다. 원래는 1970년대 경지 정리로 수로와 농로가 건설되어 논으로 이용되었으나, 경제 성장과 소득 증가로 관광, 레저 산업이 발달하면서 호미곶 해맞이 광장을 찾는 관광객에게 볼거리를 제공하기 위해, 벼 대신 유채를 심는 밭으로 토지 이용이 전환되었다. 자연이 만든 해안단구라는 지형도 사회, 경제적 여건이 바뀌면 토지 이용이 변화한다는 사실을 이곳 구만리의 논에서 청보리밭과 유채밭으로 변화된 사실을 통해 알 수 있다.

6 구만리 유채밭

좋은 어장을 이루는 넓은 파식대

파랑의 침식작용으로 형성되는 대표적인 지형이 파식대다. 파식대가 넓다는 것은 파랑의 침식작용이 활발한 해안이라는 의미가 된다. 구룡반도 동쪽, 대보리-강사리-석병리-삼정리-구룡포로 이어지는 해

7 대보리-강사리로 이어지는 해안의 파식대. 침식이 활발한 곳에는 파식대, 퇴적이 활발한 작은 만에는 모래, 자갈해안, 작은 포구가 발달한다.(사진제공. 김석용)

안의 곶에는 넓은 파식대가 발달했다. 사진 7은 강사리에서 구만리 방향으로 촬영한 드론 사진이다. 해안을 따라 파식대가 발달한 모습이다.

구만리와 대보리의 넓은 파식대

호미곶면 구만리와 대보리에 분포하는 신생대 고 제3기와 신 제3기의 화산성 퇴적암은 층리의 발달이 불량해 파식대가 매우 울퉁불퉁하다. 파식대 앞바다 밑에는 짬으로 불리는 수중 암초와 바위 섬이 많아 항해에 위험하므로 전국에서 두 번째인 1908년 호미곶 등대를 세웠다. 호미곶에 국립등대박물관이 세워진 지리적인 이유가 넓은 파식대와 수중 암초 때문이다.

그러나 수중 암초와 바위섬은 해조류와 어패류가 서식할 수 있는 천연 어초이기도하여 구룡반도 동해안은 포항에서도 해녀가 가장 많은 지역이 될 수 있었다. 경북 해녀 수의 70%를 차지하는 포항시의

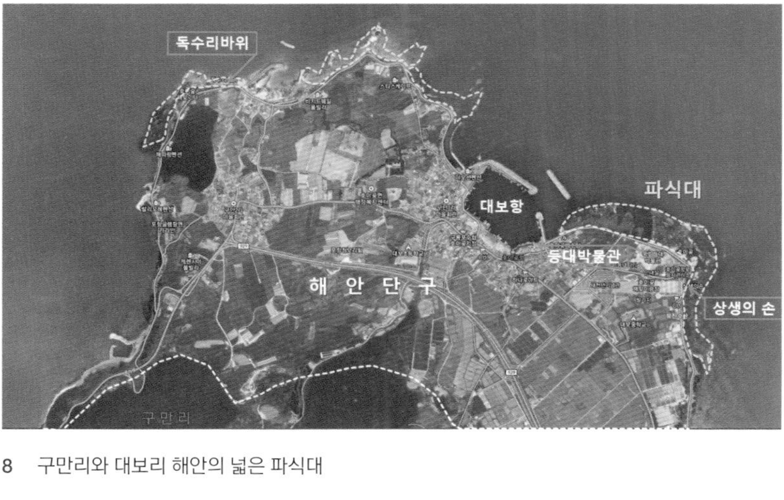

8 구만리와 대보리 해안의 넓은 파식대

해녀는 1,068명으로 제주, 울산에 이어 전국 3위다. 포항의 해녀는 구룡포읍 251명, 호미곶면 249명, 장기면 102명, 동해면 109명, 청하면 60명으로, 구룡반도 동쪽 해안의 구룡포와 호미곶에 집중적으로 분포한다.

사진 9는 호미곶 해안의 파식대, 그 뒤에 해안단구가 발달한, 융기해안의 지형 세트를 잘 보여주고 있다. 호미곶 해맞이 광장은 해안단구에 자리했고, 상생의 손은 파랑의 침식으로 형성된 파식대에 세워진 조형물이다.

9 호미곶의 해안 지형(사진제공. 김석용)

대한민국의 동쪽 땅끝, 석병리

구룡포읍 석병리 해안의 곶에 대한민국의 동쪽 땅끝을 표시한 표지석이 있다. 동서남북 육지의 끝이 있다는 것은 당연하다. 구룡포읍 땅끝마을길 62번지 양어장 앞 바위섬(시스택)에 포항시에서 화강암 구(球, ball)에 한반도를 새겨 놓은 동쪽 땅끝 표지석을 세워 놓았다. 시스택이 발달한 해안은 육지가 둥글게 동해로 돌출한 곶이라 파랑의 침식작용이 활발해 주변에 여러 개의 시스택과 넓은 파식대가 발달했다. 파식대와 파식대 사이의 오목한 해안에는 자갈이 쌓여 자갈해안이 발달했다. 다만 동쪽 땅끝이면 동쪽으로 육지가 가장 많이 뻗어 있는 지점이란 뜻일 텐데, 표지석이 세워진 곳은 유감스럽게도 땅

10 대한민국의 동쪽 땅끝. 돌섬인 시스택에 대한민국의 동쪽 땅끝임을 나타내는 표지석이 있다.

끝에 발달한 바위 섬인 시스택이다.

파랑이 강한 곳이라 양어장을 설치하기 위해, 큰 파도를 막아주는 천연 방파제인 시스택에 의지해 시멘트 구조물을 연결해 ㈜제이에이치수산 양어장을 만들었다. 남쪽에 자리한 작은 양어장도 파도를 막아주는 시스택을 이용해 시멘트 구조물로 양어장을 만들었다.

양어장을 만들기 위해 세운 구조물 때문에, 바위 섬이었던 시스택이 육지와 연결되어 있기는 하나, 이를 대한민국의 동쪽 땅끝이라고 할 수 있을까? 제주도 남서쪽에 자리한 수중 암초인 이어도에 시멘트 구조물을 세워 인공섬을 만들면 대한민국의 영토일까? 결론은 국제법상 인정받지 못한다. 바위 섬이 아니더라도 석병리 해안단구의 끝부분은 대한민국 육지에서 동쪽으로 가장 많이 뻗어나간 곳이다. 시스택이 자리한 석병리 해안이 지리적으로 대한민국의 동쪽 땅끝이라는 사실만으로도 지리적인 의미가 크다.

더 안타까운 일은, 양어장에 속한 땅이라 주인의 허락이 없다면, 일반인은 동쪽 땅끝을 표시한 표지석을 보러 들어갈 수 없다. 관광자

11 대한민국의 동쪽 땅끝 표지석이 자리한 시스택(바위섬)

원으로 개발될 가능성을 스스로 버린 포항시의 행보가 아쉬울 따름이다.

강원도 양구는 군 차원에서 대한민국의 국토 정중앙이라는 지리적 의미를 살려 관광자원으로 만들어, 많은 관광객을 유치하고 있다. 어떤 관점에서 보느냐에 따라 대한민국의 국토 중앙점은 달라질 수 있으나, 국토의 동쪽 땅끝이라는 지리적 위치는 변할 수 없다. 기념물을 땅끝이 아니라 개인 사유지인 양어장을 지나야 올라갈 수 있는 바위 섬에 세운 결정으로 인해, 포항시가 동쪽 땅끝이라는 지리적인 특징을 전국적으로 알리지 못했고, 의미도 퇴색시켰다.

현재 바위 섬의 수리적 위치는 동경 129°58'40.45"(도, 분, 초라고 읽는다)이고, ㈜제이에이치수산이 있는 해파랑길 주변의 수리적 위치는 동경 129°58'23.46"이다. 이런 정도의 수리적 차이가 무슨 의미가 있을까? 일반인이 접근하기 편해야 전국적으로 널리 알려질 수 있을 것이다.

12 한반도 동쪽 땅끝을 나타내는 표지석. 한반도가 아니라 대한민국(남한)의 동쪽 땅끝이라 해야 옳다.

석병2리 성혈바위

석병2리 마을길과 포구 사이에 성혈바위가 있다. 포항시가 설치한 안내판에 따르면, '성혈(性穴)은 바위 그림의 한 종류로 돌의 표면에 파여져 있는 구멍을 말한다. 성혈은 주로 고인돌의 덮개돌이나 자연 암반에 새겨진다. 형태적 차이는 있지만 민속에서는 알구멍, 알바위, 알터, 알미, 알뫼 등으로 불린다'라고 되어 있다. 마을 도로변에 자리한 성혈바위는 원래 바닷가에 자리한 시스택인데 포구 공사로 현 위치에 자리하게 된 것이다.

13 성혈바위의 위치

사진 14는 울타리를 둘러서 보호하고 있는 성혈바위 모습이다. 가로가 대략 17m, 세로가 16m 정도 되는 큰 바위다. 원래 바위는 바닷가에 자리한 시스택이라는 지형이었는데, 방파제를 쌓고, 부두 공사를 하면서 바다와 분리된 것이다.

14 성혈바위 전경

포항시의 안내문에 따르면 '(중략) … 형태는 주로 원형으로 태양, 여성의 성기, 알, 구멍 등으로 상징되며, 돌 표면을 쪼아서 형태를 잡은 다음 회전마찰을 통해 다듬었다'라고 쓰여있다. 아래 구멍(사진 15)은 설명대로 인위적으로 만들어진 구멍(성혈)으로 보인다.

15 성혈바위 표면의 성혈

사진 16은 성혈바위 표면에 발달한 타포니다. 지형을 잘 모르는 일반인들은 성혈바위 표면에 많이 있는 구멍이 모두 사람이 만든 것으로 오해할 수 있다. 그러나 성혈바위 표면의 많은 구멍은 염분이 많은 바닷가에 자리한 암석 표면에 잘 발달하는 염풍화 지형인 타포니다.

사진에서 성혈바위 아랫부분에 큰 굴이 있는데, 파도의 침식으로 형성된 일종의 해식동굴로 보인다. 굴 내부에는 파랑의 침식으로 형성된 자갈이 깔려 있어, 성혈바위가 파랑의 침식으로 형성된 시스택이라는 사실을 증명하고 있다.

16 성혈바위 표면의 타포니와 해식의 흔적

주상절리가 발달한 삼정리

시스택의 바위섬에서 발견되는 주상절리, 삼정리 관풍대(觀風臺)

삼정리 관풍대(삼정섬)는 파랑의 침식에 견디고 남아있는 시스택이 바위섬을 이루고 있는 지형이다. 관풍대는 유문암이라는 화산암으로 이루어진 시스택으로 다른 암석의 시스택에서 볼 수 없는 독특한 미지형이 발달했다.

사진 17은 시스택인 관풍대와 그 주변에 발달한 파식대, 삼정리 마을이 자리한 해안단구, 포켓 비치를 이루는 삼정리해수욕장이 자리한 해안지형을 보여준다.

17 삼정리 관풍대의 해안 지형

삼정리 관풍대는 소나무가 우거진 바위섬으로 포털지도(다음, 네이버)에 '삼정섬'이라고 표시되어 있다. 바람이 맑고 달 밝은 밤이면 신선이 놀았다고 전한다. 삼정섬에 방치된 횟집 건물은 곳곳이 무너져 내리는 바람에 흉물로 전락해 섬의 미관을 해치고 있다. 관풍대는 현재 삼정리와 다리로 연결되어 있으나, 2020년 태풍피해로 시설물이 일부 훼손돼 안전 문제로 출입을 통제하고 있다.

관풍대 해안에는 해식애와 파식대가 잘 발달했다. 마을을 향하고 있는 해식애와 파식대에 유문암에서는 보기 드문 주상절리가 발달했다.

18 주상절리가 발달한 관풍대

유문암이 만든 지형

유문암은 글자 그대로 용암이 흐른 자국(流動構造, flow structure)이 무늬처럼 발달한 암석이다. 유문암질 용암은 이산화규소(SiO_2)의 함량이 69%나 되는 대표적인 산성 용암으로 점성이 큰(끈적끈적한) 용암이라 넓게 흐르거나 펴지지 못한다. 유문암질 용암이 상대적으로 천천히 식으며 흐를 때, 사진 19와 같이 용암이 흐른 자국인 유동 구조가 형성된다. 그러나 모든 유문암이 사진과 같이 용암이 흐른 무늬가 발달하진 않는다는 점에서, 관풍대를 이루는 유문암은 유동 구조가 매우 뚜렷하게 발달한 전형적인 유문암이라 할 수 있다.

제주도에 분포하는 현무암을 만든 용암은 이산화규소의 함량이 훨씬 적은 염기성(알칼리) 용암이라 점성이 작고(묽은) 고온이라 잘 흐르기 때문에 경사가 완만한 한라산이 형성되었다.

19 관풍대 유문암의 유동구조(flow structure). 마치 나무의 나이테와 비슷한 구조를 보인다.

사진 20은 풍화와 파랑의 침식을 받은 유문암 표면의 모습이다. 용암이 흐르며 형성된 유문암의 나이테 같은 무늬를 따라 풍화와 침식이 진행되면서, 바위 표면이 마치 겹겹이 쌓인 나무껍질처럼 보인다. 잘못하면 퇴적암의 층리로 오해할 수도 있으나, 유문암의 유동 구조를 따라 진행된 풍화와 침식의 결과물이라는 점이 흥미롭다. 유문암의 유동 구조는 양파껍질과 같은 구조를 이루고 있어 이런 형태의 풍화와 침식면이 형성된 것으로 추정된다.

20 유동 구조의 풍화. 유동 구조를 따라 진행된 풍화로 유문암 표면이 나무껍질처럼 보인다.

사진 21은 파랑의 침식작용으로 형성된 관풍대 주변 해안을 촬영한 것이다. 나이테 같은 유문암의 유동 구조가 파랑의 침식을 받아, 퇴적암의 층리처럼 뚜렷하게 모습이 드러났다. 유문암의 유동 구조는 바위의 상처라 할 수 있는 절리처럼 약한 부분이라 풍화와 침식이 먼저 진행돼 퇴적암의 층리처럼 보인다. 관풍대 유문암의 유동 구조가 침

21 파랑의 침식을 받은 유문암의 유동 구조. 마치 퇴적암의 층리처럼 보인다.

식으로 드러난 모습이, 마치 만 권의 책을 쌓아 놓은 것처럼 보인다는 전북 부안의 채석강과 유사하다. 채석강은 중생대 퇴적암의 층리가 책을 쌓아 놓은 것처럼 보인다는 점에서 관풍대와 차이가 있다.

유문암 주상절리

주상절리는 현무암, 안산암 같은 화산암에서 잘 발달하지만, 점성이 상대적으로 커 잘 흐르지 못하는 유문암에서 주상절리 발달은 보기 어렵다. 이런 점에서 관풍대 북쪽 해식애에 발달한 유문암 주상절리는 그 자체만으로도 지형적 가치가 아주 크다. 관풍대 주상절리는 구룡포 주상절리보다 절리 기둥의 굵기가 가늘다.

22 관풍대 해식애의 주상절리. 주상절리 표면이 보라색을 띠고 있다.

안산암과 현무암에 발달한 주상절리 표면이 대부분 검거나, 짙은 회색을 보이는 것과 달리 관풍대 주상절리는 보라색을 띠고 있다는 점도 특이하다.

보라색을 띠는 해식애의 주상절리 중 유동 구조가 나타나는 부분을 확대 촬영한 사진이다(사진 23). 사각형의 주상절리 표면에 유문암의 유동 구조가 뚜렷하다. 주상절리 표면에 보이는 유문암의 유동 구조도 보기 드문 특이한 지형이다.

23 주상절리 표면의 유동 구조

주상절리가 발달한 해식애 정면 파식대에 자리한 주상절리다. 보라색과 회색을 띠는 다각형(사각, 오각, 육각) 주상절리의 기둥 단면이

24 파식대에 자리한 주상절리 단면

뚜렷하게 드러나 있다. 노랗게 보이는 것은 유문암이 풍화되는 과정에서 방출된 철분이 산화되어 절리 표면을 코팅한 것이다.

사진 25는 해식애에 드러난 다각형의 주상절리 단면을 촬영한 것이다. 주상절리가 형성된 후 지각운동으로 형성된 단열 면을 따라 다각형의 주상절리 단면이 뚜렷하게 보인다. 주상절리 형성 후에 작용한 지각운동의 흔적이 남아있는 노두다.

25 해식애에 발달한 주상절리 단면

구룡포해수욕장 북쪽 곶(삼정리)에 발달한 주상절리

구룡포해수욕장 북쪽 곶에 주상절리가 발달했다. 해수욕장 뒤에는 평탄한 해안단구가 발달했다. 구룡포읍 삼정리 주상절리의 단면은 주로 사각형이 우세하고, 절리 면의 폭이 최대 20cm 정도라, 30~50cm 규모를 보이는 경주 양남 주상절리 보다 가느다란 주상절리가 나타난다. 주상절리 기둥이 가늘수록 분출한 용암의 온도가 낮았다는 의미다. 온도가 낮은 용암은 상대적으로 온도가 높은 용암보다 빨리 냉각되기 때문에 굵은 주상절리 기둥을 이루지 못한다.

주상절리가 발달한 북쪽 곳은 넓은 파식대가 발달했고, 해식애 뒤에 평탄한 해안단구가 발달했다. 파식대와 단구면 사이의 해식애는 해안단구가 바다와 접하는 끝부분으로 단구애(단구 절벽)를 이룬다. 단구애(해식애)와 파식대에 주상절리가 잘 드러나 있다.

26 구룡포 주상절리 해안의 지형

사진 27에서 오른쪽 집이 자리한 언덕부터 주상절리를 조망할 수 있는 전망대와 주차장이 자리한 곳까지 해안단구면이다. 해식애 위에 관람용 데크와 계단이 설치된 곳의 주상절리와 구룡포해수욕장까지 조망할 수 있는 전망대 앞 파식대의 주상절리가 각각 형태, 경사, 암석의 색이 다르다.

관람용 데크가 자리한 해식애(단구애)에 비스듬히 누워있는 주상절리가 발달했는데, 절리의 경사 방향과 기울어진 각도가 일정하지 않고 매우 다양하다. 주상절리가 발달한 구룡포 안산암은 신생대 신제

3기 장기층군의 화산암으로 풍화와 침식에 강한 편이라 해식애 앞에 발달한 파식대가 평탄하지 않고, 울퉁불퉁하다.

27 구룡포해수욕장 북쪽 곶의 주상절리 해안. 전망대 앞 파식대의 주상절리와 해안단구 아래 주상절리의 형태가 다르다.

해식애에 노출된 주상절리는 대부분 빗살 형태를 보이지만, 주상절리의 경사 방향과 각도가 다양한 점이 지형적으로 매우 특이하다. 그리고 주상절리를 이루는 구룡포 안산암의 색이 매우 밝은 점도 독

28 빗살 형태의 주상절리. 가늘고 긴 주상절리가 마치 빗살처럼 촘촘하게 발달한 형태가 이색적이다.

특하다. 주상절리 표면이 밝은색을 띠는 것은, 철분 같은 유색광물의 함유량이 적은 암석이라는 의미고, 분출했던 용암의 온도 역시 상대적으로 낮았었다는 의미다. 주상절리를 관람할 수 있게 데크가 설치된 해식애에 빗살 형태의 가느다란 주상절리가 촘촘하게 발달해 멋진 경관을 이루고 있다.(사진 28)

해식애에는 주상절리의 약한 부분이 파랑의 차별침식을 받아 작은 해식동굴이 발달했다(사진 29). 흥미로운 점은 해식동굴의 형태가 주상절리의 경사 방향과 각도를 반영하고 있다는 것이다. 주상절리는 암석에 난 갈라진 상처라고 할 수 있다. 주상절리의 틈을 따라 진행된 풍화와 차별침식으로 해식동굴이 형성되었다.

29 주상절리 해안의 침식지형(해식애, 해식동굴, 파식대). 해식애의 주상절리 경사가 제각각이다.

구룡포 안산암과 화산암의 만남

사진 30은 구룡포해수욕장으로 가는 도로에서 주상절리 해안으로 내려가는 나무계단 아래에 발달한 파식대를 촬영한 것이다. 구룡포 주상절리가 발달한 구룡포 안산암은 풍화와 침식에 강해 파식대 면

30 구룡포 안산암과 화산암. 구룡포 안산암(주상절리)이 제거된 파식대의 밝은색 부분이 종류와 분출 시기가 다른 화산암이다.

이 고르지 못하고 울퉁불퉁하며, 검은색을 띤다. 이에비해 화산암은 구룡포 안산암이 침식으로 제거되며 노출된 파식대 면이 상대적으로 평탄하고, 색도 검은 구룡포 안산암과 달리 밝은색을 띠고 있다. 구룡포 안산암 아래 분포하는 화산암이 주상절리가 발달한 구룡포 안산암보다 파랑의 침식에 약하기 때문에 상대적으로 평탄한 파식대를 이루게 된 것이다.

파랑의 침식작용으로 형성 시기가 다른 두 지층이 만나는 면을 볼 수 있는 귀중한 장소다. 땅속에 숨어있던 신생대 신 제3기의 지질학적 이벤트(화산폭발, 관입 등)가 일어났던 현장이 이곳에 노출되어 있다.

주상절리에 발달한 해안단구

사진 31은 위에서 설명한 해안 바로 뒤에 발달한 해안단구 절개면이다. 사진에 있는 해안단구 면은 건물을 짓기 위해 땅을 파내면서

노출된 것이다. 단구 면의 주상절리는 사각형의 단면이 많고, 굵기는 해안에 노출된 주상절리와 비슷한 20cm 내외가 대부분이며, 경사진 주상절리의 기둥이 빗살처럼 촘촘하게 발달했다.

31 해안단구에 노출된 주상절리

사진 32에서 오른쪽 도로 아래가 파랑의 침식으로 주상절리가 노출된 단구애(해식애)다. 공사로 노출된 해안단구 퇴적층 단면으로 토

32 해안단구 퇴적층. 파랑의 침식으로 형성된 둥근 자갈이 층을 이루고 있다.

양층 아래 둥근 자갈층이 있다. 둥근 자갈층은 단구면이 해수면 높이였을 때 파랑의 침식작용을 받아 형성된 자갈이 단구면에 퇴적된 층이다. 이런 자갈층은 해안단구가 파랑의 침식으로 형성된 지형이라는 명백한 증거다. 현재는 이 자리에 건물이 들어서 퇴적층을 볼 수 없다.

전망대 앞 파식대의 주상절리

주상절리 전망대 앞 해안에는 파랑의 침식으로 넓은 파식대가 발달했다(사진 33). 주상절리의 침식으로 형성된 파식대는 평평하지 않고, 매우 울퉁불퉁하다. 파식대를 이루고 있는 주상절리는 위에서 설명한 주상절리보다 색이 더 검고 기둥의 직경도 더 굵다. 파식대의 주상절리는 일부 경사진 주상절리도 있지만, 대부분 수직 방향을 이루고 있는 점도 위에서 설명한 주상절리와 다르다. 파식대 주상절리의 이런 특징은 해안단구 앞 빗살 형태의 주상절리를 형성한 용암보다 상대적으로 온도가 높고, 철분 같은 유색광물의 함량이 높은 용암때문 이었을 것으로 추정된다.

33 전망대 앞 파식대의 주상절리. 데크와 계단이 설치된 도로변의 주상절리보다 검은색을 띤다.

암석이 바닷물에 젖지 않았지만, 제주도의 현무암 주상절리 표면처럼 검은색을 띠고, 다각형(사각형, 오각형)의 주상절리 단면을 이루고 있다. 주변에는 주상절리에서 떨어져 나온 각력들이 해변에 흩어져 있다(사진 34).

34 전망대 앞 파식대 주상절리의 단면

방사상(Radial) 주상절리를 볼 수 있는 구룡포리

구룡포해수욕장 남쪽 곶에는 해안단구-해식애-파식대로 이어지는 전형적인 해안 침식지형이 발달했다.

해식애에 다양한 경사와 방향을 이루는 주상절리가 발달했다. 그 중 해식애의 북쪽 벽면에 합죽선(合竹扇=부채)을 편 것 같은 형태의 방사상 주상절리가 발달했다(사진 35).

35 주상절리가 발달한 구룡포해수욕장 남쪽 곶의 해식애

사진 36은 방사상 주상절리를 근접 촬영한 모습이다. 주상절리가 부채살을 펼친 것 같은 독특한 형태를 이루고 있다. 특이한 점은 방사상 주상절리 왼쪽에 절리의 방향이 전혀 다른 주상절리가 함께 발달한 것이다.

그러나 방사상 주상절리의 위로 2차선 도로가 지나고, 사진 오른쪽 풀로 덮인 부분에 쓰레기가 쌓여있는 등 보호 조치가 시급한 실정이다.

36 방사상(부채꼴) 주상절리

바다 낚시의 명소, 장길리

장길리는 복합낚시공원으로 개발되어 연중 많은 관광객과 낚시꾼들이 찾는 포항의 명소 중 한 곳이다. 장길리가 구룡반도의 동쪽 해안 어촌 중에 낚시 공원으로 개발된 이유는 어족자원이 풍부한 지리적 환경 때문이다.

사진 37은 장길리 해안에 발달한 지형을 나타낸 것이다. 장길리 전망대와 주차장이 자리한 곶을 중심으로 시스택인 보릿돌(안 보릿돌과 바깥 보릿돌)과 주변 해안에 넓게 발달한 파식대, 갯바위 등 암석해안이 잘 발달했다. 암석해안은 어패류가 서식할 수 있는 천연 어초라 해조류와 어족자원이 풍부한 바다를 이룬다. 또한, 포구가 자리한

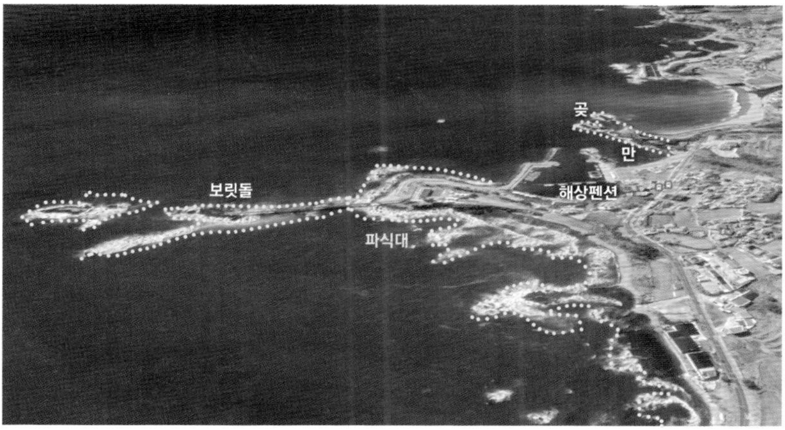

37 장길리 복합낚시공원의 지형. 천연 어초인 암석해안(시스택, 파식대, 갯바위 등)이 잘 발달했다.

만입까지 발달해 있어, 바다 낚시터로 유리한 지리적 여건을 갖추고 있다.

그림 38은 복합낚시 공원이 자리한 장길리 해안의 형성과정을 설명한 것이다. 장길리는 구룡반도 동쪽 해안의 많은 곶 중에서도 바다로 가장 많이 돌출한 지점이라 파랑의 침식작용이 매우 활발한 지형 환경이다. 파랑의 침식으로 해안선이 후퇴하는 과정에서 시스택인 보릿돌과 장길리 곶 주변 해안의 넓은 파식대, 갯바위 같은 암석해안이 대규모로 발달하게 되었다.

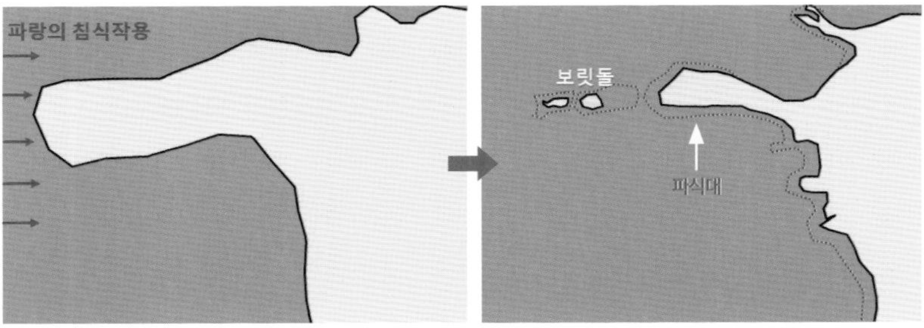

38 장길리 암석해안의 형성과정

39 장길리 곶 북쪽 해안의 넓은 파식대. 장길리 곶의 북쪽에 자리한 해안의 모습으로, 해안을 따라 파식대가 넓게 발달해 있다. 사진 오른쪽 끝에 시스택인 보릿돌과 연육교가 보인다.

포항시에서 설치한 보릿돌 안내판에 '갯바위 모양이 보리 같다고 해서 보리암(麥岩) 또는 보릿돌이라고 했다. 이 마을 사람들은 옛날 보릿고개를 넘어야 할 때마다 이 바위 아래 바다에서 미역이 많이나 어려운 고비를 넘길 수 있었다는 이야기가 전해온다'라고 적혀 있다. 시스택인 보릿돌과 장길리 곶을 연결하는 보릿돌 교는 폭 4.5m, 길이 170m에 달하고, 다리 끝에는 전망대와 작은 휴게소가 있다.

40 장길리 곶과 시스택(보릿돌)을 연결하는 보릿돌교

생수가 솟아난다고 '날물치'라 불렸던 일출암, 신창리

일출암은 신창리간이해수욕장의 북쪽에 자리한 큰 바위로 파랑의 침식을 견디고 남아있는 대표적인 시스택 지형이다. 일출암은 장기분지를 흘러온 장기천이 바다와 만나는 하구에 수문장처럼 버티고 서있는 바위군 이다. 포항시가 세운 안내판에는 '장기천을 따라 내려오는 민물과 동해의 바닷물이 만나는 곳에 있는 바위로, 옛날부터 생수가 솟아난다고 해서 일명 날물치 또는 생수암(生水岩)이라고도 불리어 왔다'라고 기록되어 있다.

41 일출암 사이로 해가 솟아오르는 광경(사진 제공. 이상준). 냇물이 바다로 흐르는 장기천이다.

장기 일출암은 파랑의 침식을 견디고 남은 시스택 지형이다. 장기 분지는 풍화와 침식에 약한 신생대 신 제3기 장기층군의 퇴적암이지만, 일출암은 풍화와 침식에 강한 중생대 백악기 석영반암으로 이루어져 있어 시스택을 형성한 것이다. 장기천 하구에서 가까운 독산(獨山)도 석영반암으로 이루진 산이라 침식에 견디고 남아 들판에 섬처럼 솟은 돌산이 되었다.

현재 장기천 하구의 일출암과 신창리간이해수욕장, 신창리 포구 일대는 오래전 모두 바다였는데, 장기천이 운반한 토사가 점차 바다를 메꾸기 시작했다. 장기천의 토사가 파랑과 연안류에 의해 남쪽 해안에 퇴적되어 신창리간이해수욕장이 형성되고, 장기천 하구의 바다에 자리했던 일출암도 바다가 메꿔지면서 육지와 연결되었다. 장기천이 바다를 메꿔 육지를 확장하는 과정에서 일출암이 자리한 현재와 같은 해안이 형성되었다.

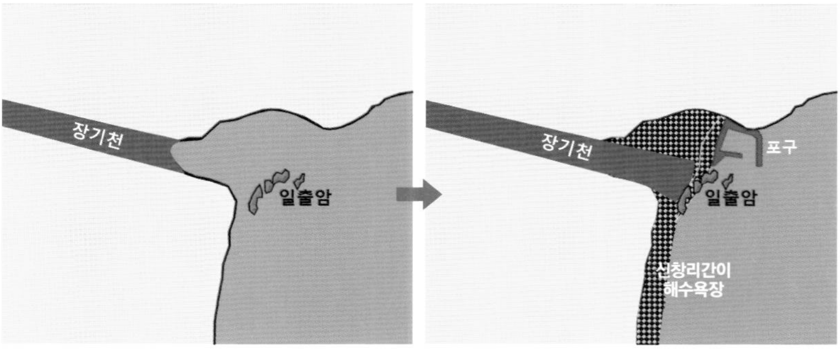

42 일출암의 형성과정. 바위섬이었던 일출암은 장기천이 운반한 토사가 퇴적되어 현재는 일부가 육지와 연결되었다.

일출암은 동서남북 보는 방향에 따라 경치가 변한다. 사진 43은 신창리 포구로 들어가는 도로변(북쪽)에서 촬영한 사진이다. 일출암 뒤에 보이는 해변이 신창리간이해수욕장이다. 일출암은 수직절리의 영향으로 나무 기둥을 세워 놓은 형태의 시스택이 되었다. 흙 한 줌 없는 시스택의 수직절리 사이에 뿌리를 내리고 사는 소나무의 강인한 생명력과 파랑의 침식을 견디고 남아있는 일출암의 강인함이 어우러지는 경관이다.

43 일출암과 신창리간이해수욕장

육계도가 발달한 계원리

계원2리 해안은 알파벳 C자 두 개를 겹쳐 놓은 형태를 이루고 있다. 즉 마을 앞에 자리한 소봉대(小峰臺)라는 작은 바위산 중심으로 북쪽과 남쪽의 오목한 C자 형 만입에 자갈과 모래가 퇴적된 해안이 발달했다. 북쪽과 남쪽의 만입에는 각각 계원2리 뒤에 자리한 산지에 작은 하천이 흘러든다. 남북에 자리한 두 만을 연결하는 지점에 자리한 소봉대라 부르는 작은 바위산은 육계도라는 해안 지형이다.

44 계원리의 해안지형. 계원리는 육계도인 소봉대를 중심으로 만에는 자갈해안이 발달했다.

계원2리 남쪽 만입에 모래와 자갈이 섞여 퇴적된 해안이 발달했다. 사진 45는 남쪽 만입 해안에서 촬영한 소봉대 모습이다.

소봉대 남쪽의 작은 만입에는 모래와 자갈이 함께 퇴적된 해안을 이루고 있다.

45 계원 자갈해안. 소봉대 남쪽의 작은 만에 모래와 자갈이 퇴적된 해안을 이루고 있다.

소봉대는 육계도(陸繫島)다!

육계도(land-tied island)란 육지에서 떨어져 있던 해안 근처의 섬이 사주라 불리는 모래 퇴적지형에 의해 육지와 연결된 섬을 말한다. 육계도를 육지와 이어주는 사주를 육계사주(陸繫沙洲, tombolo)라고 한

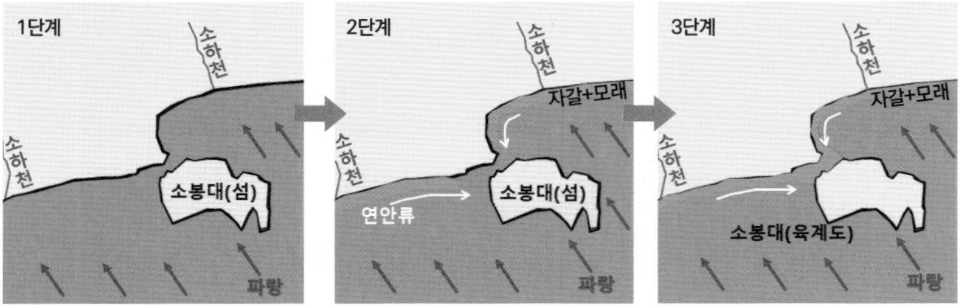

46 육계도(소봉대)의 형성과정. 섬이었던 소봉대는 파랑과 연안류에 의해 자갈과 모래가 쌓여 육지와 연결되었다.

다. 그림 46은 육계도(소봉대)가 형성되는 과정을 나타낸 것이다. 파랑의 침식으로 계원리 해안이 형성되는 과정에서 침식에 강한 소봉대는 침식을 견디고 남아 돌섬인 시스택이 형성되었다. 소하천에서 공급된 자갈과 모래가 계원2리 해안에 퇴적이 되기 시작했다. 해안으로 밀려오는 강한 파도를 소봉대가 막아, 소봉대 뒷부분은 파랑의 침식작용이 진행되지 못한다. 남북 양쪽의 만으로 밀려온 파랑이 소봉대 뒷부분으로 흐르는 연안류를 형성해, 자갈과 모래를 소봉대와 육지 사이에 퇴적한다. 육계사주가 소봉대를 계원2리와 연결해 현재의 육계도가 형성되었다.

소봉대 전경

드론으로 촬영한 소봉대 전체 모습이다. 파랑의 침식으로 형성된 바위섬이라 기암절벽이 절경을 이루고 있다. 소봉대를 방파제 삼아, 테트라포트와 시멘트 방파제로 제방을 쌓아, 배가 드나들 수 있는 작

47 소봉대 전경. 마을과 소봉대 사이의 모래 둑을 육계사주라고 한다.

은 포구를 만들어 놨다. 사진에서 자동차가 주차되어 있는 모래 둑이 돌섬(시스택)인 소봉대와 육지를 연결하는 육계사주다. 소봉대 정상에 오르면 뒤로는 계원2리 마을과 주변 해안 경관을 전망할 수 있다.

회재 이언적 선생의 시비

소봉대는 작은 봉수대가 있던 섬으로 계원2리 북쪽에 자리한 봉길리 봉수대와 연결되었다는 역사 기록이 남아있는 곳이다. 소봉대는 계원2리 해안에서 바다로 가장 많이 돌출한 육계도라 바다를 감시하기 좋은 초소와 같은 지형을 이루고 있다. 더불어 파랑의 침식으로 형성된 바위섬이라 기암절벽이 많고 경치가 좋아 예로부터 시인 묵객들이 많이 찾았던 곳이다.

1515년 회재 이언적 선생이 계원2리 소봉대에 와서 칠언절구 2수를 지었다. 시비에 기록되어 있는 내용은 아래와 같다. 이시를 감상하며 북쪽 송라면 지경리에서 시작한 215km 포항 해안 지형 산책을 마감할까 한다.

48 회재 이언적 선생 시비

地角東窮碧海頭(지각동궁벽해두), 대지 뻗어나 동해에 닿았는데,
乾坤何處有三丘(건곤하처유삼구). 천지간 어디에 삼신산이 있는뇨.
塵寰裨隘吾無意(진환비애오무의), 비속한 티끌세상 벗어나고자,
慾駕秋風泛魯桴(욕가추풍범로부). 추풍에 배 띄어 선계를 찾고 싶네.

참고문헌

윤성효, 1988, 포항분지 북부(칠포-월포일원)에 분포하는 화산암류에 대한 암석학적·층서적 연구, Jour. Korean Inst. Mining Geol. Vol.21, No.2, p1179-129
박정숙, 1991, 포항시 도시화 과정, 경북대학교 교육대학원 석사학위논문
이병주·송교영, 1995, 포항분지내 지각변형 해석
오경섭·기근도·김형중, 2002, 양양-속초지역 태백산지 동사면 및 동해안에서 인식되는 지형요소의 선구조, 한국지형학회, 9(1), 61-69.
한국지리정보연구회, 2004, 자연지리학사전, 한울아카데미
권혁재, 2006, 자연지리학 제2판, 법문사
오경섭, 2006, 한국지형학회 운하심포지엄 발표문.
오경섭, 2006, 한반도의 지표피복물의 결빙구조로 인식되는 제4기 주빙하 기후지형 환경, 한국지형학회지, 13(1), 1-17
양재혁, 2007, 한반도 남해안의 해안지형 특색 및 발달과정, 한국교원대학교 박사학위논문.
이창범·김통권·박덕원, 2009, 경북 흥해지역 심부시추공의 화산암 및 퇴적암류의 지질 및 지화화학적 연구, The Journal Engineering Geology, Vol.19, No.4, December, pp.459-474
안건상, 2014, 남한에서 주상절리의 분포와 암석학적 특성
박재용·김준모·윤석훈, 2015, 이산화탄소 지중 저장을 위한 한국 포항분지의 삼차원 지질 모델링, 지질학회지 제51권 제3호, p.289-302
신재열·박경근, 2016, 포항시 흥해읍 해안단구 제1면의 구정선 고도와 형성 시기, 한국지역지리학회지
최성자, 2016, 호미곶 구룡포지역 해안단구와 신기지구조운동, 암석학회지
김진홍, 2020, 일제의 특별한 식민지 포항, 글항아리
이재원, 2020, 사진으로 읽는 포항도심, 포항지역학연구총서5, 도서출판 나루
권용호 역주, 2021, 포항지리지, 포항문화원
J. Tricart, 1972, Introductiont Climatic Geomorphology, London, Longman.
J. Tricart, 1974, Structural Geomorphology, New York, Longman.
https://www.hankookilbo.com/News/Read/A2020080914450002224
https://www.kyongbuk.co.kr/news/articleView.html?idxno=2074522
http://www.kyongbuk.co.kr
https://www.kyongbuk.co.kr/news/articleView.html?idxno=1007646
https://www.donga.com/news/Culture/article/all/20001124/7612957/1
https://www.kores.or.kr/views/cms/hmine/eh/eh02/eh0205.jsp
https://data.kigam.re.kr/mgeo/map/main.do?process=geology_50k
http://map.ngii.go.kr/pd/ctlsSvc/ctlsSvc.do

포항해안 지형산책

초판발행 2022년 4월 1일

편　역 민석규
펴낸이 포항지역학연구회
편　집 이재원
펴낸곳 도서출판 나루
출판등록 2015년 12월 4일
등록번호 제504-2015-000014호
주소 포항시 북구 우창동로80 112-202

ISBN 979-11-974538-9-2 03090

잘못된 책은 구입하신 서점에서 교환해드립니다.